ボーダーツーリズム

観光で地域をつくる

岩下明裕 編著

北海道大学出版会

はしがき

国境観光、もしくはボーダーツーリズム。この言葉を知っている読者はどのくらいいるのだろうか。この日本ではおそらく誰も知らなかった言葉が、ブームとまでは言わないまでも、ここ数年でいろいろな場所で語られるようになってきた。特に『現代用語の基礎知識二〇一六』に「世相語」「外来語」の両方で採用されたのは私たちにとっても驚きであった。

そもそも国境やボーダー（境界）といった言葉に明るいイメージはない。国境が好きだ、などと言うと怪しいオタクか、軍事専門家、ひどい場合にはどこぞのスパイではないかと思われる。ボーダー（境界）という言葉もまたどっちつかずの揺らぎやグレーなものを表現するものと受け止められがちで、いずれにせよ、あまり肯定的な文脈で積極的に位置付けられることは多くはないだろう。国境やボーダーを観光やツーリズムと結び付ける。その違和感を拭い去るのは簡単ではない。

実際、本書の執筆者も含む、このボーダーツーリズムの様々な企画を主導してきた私たちでさえ、率直に言って、当初、これがいったいどういうものであるのか、どのように展開すべきものなのか、など十分には消化できず、手探りのまま試行錯誤を続けてきたと言っても過言ではないだろう。にもかかわらず、おそらく全員に共通しているのは、この海のものとも山のものともわからないツーリズムを、どこか面白いと直感し、ある可能性を見出した点だと思う。これまでにない新しい観光のかたちであることは言うまでもなく、国境や境界に面しているがゆえに困難極まりない地域に対して、チャレンジそのものを使えるリソースとして読み替え、地域の振興や発展の機会となる道筋を示しうるのではないかという期待がそれであった。

私たちの多くが、ボーダースタディーズなるものを学術的に創設するプロジェクトに関わってお り、国境や境界についてはずいぶん考えてきた。例えば、本書の編者岩下明裕が代表を務めたグローバルCOEプログラム「境界研究の拠点形成――スラブ・ユーラシアと世界」(二〇〇九―二〇一三年度)は北海道大学スラブ研究センター(当時)を拠点とし、境界研究、いわゆるボーダースタディーズの拠点を日本につくり、これに東アジアや旧ソ連圏などの研究者を巻き込むかたちで事業を展開し、欧米の学会Association for Borderlands Studies(ABS)やネットワークBorder Regions in Transition(BRIT)と接合させたプロジェクトであった。その雑誌『境界研究』や『Eurasia Border Review』は一定の評価をもって定着しており、また同プログラムに関わった研究者群はABSやBRITで主要な役割を占めるなど、欧米の研究の「空白」となっていた地域の研究蓄積を発信するだけでなく、新たな理論的枠組みづくりに貢献している(岩下明裕『入門国境学――領土、主権、イデオロギー』中公新書、二〇一六年およびA・ディーナー、J・ヘーガン/川久保文紀訳『境界から世界を見る――ボーダースタディーズ入門』岩波書店、二〇一五年などを参照)。

また国境というと、何よりも頭に浮かぶ、領土問題。北方領土も尖閣も竹島もどれも前向きな話題に乏しい。近接する地域は境界に妨げられ、自由に国境を越えた往来もできない。その政治的かつ地理的な制約がどれだけ地域を疲弊させ続けてきたかに思いをはせてきた。領土問題が解決しなくても、何とかそのチャレンジを地域から乗り越える手掛かりはないものかと。領土問題をいかに地元や現場の観点から考えるかについて苦闘した結果、例えば、北方領土問題については、地元実務者やメディア関係者、研究者らとともに根室や北方領土を結ぶ「特区」構想などについて提言したこともある（岩下明裕『北方領土・竹島・尖閣、これが解決策』朝日新書、二〇一二年を参照）。

にもかかわらず、国境をめぐる暗い、陰鬱なイメージを打ち破ることは長年できなかった。ツーリズムを使って何ができるか。そう考えたとき、国境や境界地域に面した自治体や研究機関などで組織した境界地域研究ネットワークJAPAN（JIBSN）が手掛かりになると思いついた。このネットワークについては序章やあとがきでも触れる。これは領土問題を抱えている根室、すぐ目の前の台湾に渡れない与那国、サハリンとの交流事業を活発化したい稚内、韓国人観光客が殺到しこれとどう向き合うかに悩む対馬など、課題は違っても、日本の「端っこ」に位置する地域の共通のテーマを探そうとする模索から始まったものだ。このネットワークで積み上げてきた経験こそ、国境を越えて違う空間や地域を結ぶことのヒントを私たちに与えてくれていた。

国境や境界を越える営みを、観光というかたちで、地域にとっても人々にとってもプラスとなるものに転換したい。そう考えた私たちが二〇一二年から始めたのが、本書で紹介する国境観光、あるいはボーダーツーリズムの実証実験（モニターツアー）である。手探りで始めた試みであったが、思いがけずメディアに大きく取り上げられ、また参加者たちの満足度の高さ、地域の協力や旅行会社の熱意もあり、今や全国に広がりつつある。修学旅行や大学ゼミのスタディツアーなどでも取り入れられ始めている。二〇一七年七月、この新しいツーリズムをより定着させるべく、ついに旅行会社や自治体、研究機関などが中心になり、ボーダーツーリズム推進協議会（ＪＢＴＡ）を発足するに至った。

本書は、日本では初めてのこの国境観光、ボーダーツーリズムの誕生から現在にかけての失敗と成功の事例をまとめ、今後の展望を描こうとした作品である。本書では、ツアーの企画や実施を手掛けた研究者たちが、その手順の経験や参加者たちからのフィードバックを素材に分析を行い、その体験的ツーリズム論を各章で展開している。また執筆陣の限られた知見を補い、ツアーの全貌を少しでも立体的に紹介するため、これに関わった多くの実務者、ビジネス関係者、参加者らの声をコラムというかたちで収録した。最終章として、執筆陣による座談会の記録を当て、本書の中で分析としては十分に展開できなかったポイントや内輪のエピソードなどを相互にぶつけあい、国境観光、ボーダーツーリズムの魅力と展望について議論した。

本書の執筆者全員が、観光学者でも、旅行会社の社員でもない。そういう意味では、本書で紹介された事例や分析もプロの眼から見れば、素人的でナイーブなものも多かろう。だが新しい何かが生まれるとき、異分野からのチャレンジは不可欠な触媒でもある。本書はこれまでボーダーにこだわり、現場で実践を続けてきた研究者たちの手による、地域振興と観光に向けた提言の書でもある。

いかなる学問も机上にとどまってはならないと私たちは考えている。人文社会系の学問は社会に貢献していない、と言われて久しい。本書がそのような通念を崩す一矢となれば、執筆者としては無上の喜びである。

執筆者一同

（追　記）

本書では国境観光とボーダーツーリズムという言葉の両方を用いるが、両者の関係をどう整理するかは悩ましい。国境こそが、最も物理的かつ表象的にも空間を分かつものであり、ツアー参加者にとって最もインパクトを与える資源であることに疑いはない。だが国境観光を厳密に定義しようとすれば、実質的には国境として機能しているにもかかわらず、公的にはそう呼びにくい地域の存在が捨象されかねない。例えば、ロシアとの関係では稚内には許されている「国境のまち」という表現を根室に使うと公的には一部から反発を受ける。政府的には、日露の国境は択捉島の先にあり、根室は国境ではないということになるからだ。また国家と認められていない台湾と与那国の間、あるいは北朝鮮と韓国の軍事境界線なども国境と言い切っていいかどうかは議論の余地がある。したがって、本書では国境観光のニュアンスを残しつつ、ボーダーツーリズムという表現をより多く採用している。もとより、誰の目にも疑いなく論争の余地のない場合には、前者の言い方を使っている場合も少なくない。ところでボーダーツーリズムという表現を使うとき、もう一つの論点が生まれてくる。前者が国境、つまり国家と国家の境というより限定的な意味合いを持つのに対し、後者は例えば、県境など行政区分をはじめとする様々な境界をキーワードにしたツアーをも示唆している。またボーダーは表象、つまりメンタルなものを包摂するため、ツーリズムの対象が大きく展開／拡散する可能性を持つ。この点は終章の座談会でも議論になった争点である。いわば、どこまでも展開できる多様な潜在性とスケールの大きさを秘めている反面、定義付けや絞り込みには苦労する。これがボーダーツーリズムの魅力でもあり、チャンレンジでもあると言えよう。

なお、本書は「スラブ・ユーラシア地域を中心とする境界・国境研究」（平成二八年度スラブ・ユーラシア研究センター共同研究班）の成果の一部である。

ボーダーツーリズム企画一覧（二〇一三年―二〇一六年）

二〇一三年

一二月一四―一五日
対馬・釜山ツアーⅠ（福岡発着）（JR九州旅行社主催：釜山一泊：ANA・JR九州高速船ビートル利用）
価格二万二五〇〇円　　参加者数四〇名（最小催行一〇名）　　＊モニターツアーとして実施（島田、花松が参加）

二〇一五年

三月一四―一六日
対馬・釜山ツアーⅡ（福岡発着）（近畿日本ツーリスト九州福岡支店主催：比田勝一泊・釜山一泊：ANA・JR九州高速船ビートル利用）　　価格六万円　　参加者数二七名（最小催行一八名）　　＊モニターツアーとして実施（花松、岩下、高田が参加）

六月一五―一九日
稚内・サハリンツアーⅠ（稚内発着）（北都観光主催：稚内一泊・サハリン三泊：ハートランドフェリー利

用）　価格一二万七四〇〇円　参加者数三六名（最小催行一五名）　＊モニターツアーとして実施（岩下、高田、古川が参加）

九月一〇―一五日
稚内・サハリンツアーⅡ（稚内発：北緯五〇度線他）（エムオーツーリスト主催：サハリン五泊：ハートランドフェリー、ロシア鉄道など利用）　価格二九万五千円　参加者数一七名（最小催行一五名）　＊モニターツアーとして実施（岩下が参加）

一〇月二―五日
国境を越えない「国境」ツアーⅠ（中標津発稚内着：道東オホーツク）（ビッグホリデー主催：中標津、網走、稚内各一泊：バス利用）　価格八万二千―八万八千円　参加者数一七名（最小催行一五名）　＊モニターツアーとして実施（岩下、高田、山上、古川、花松が参加）

一〇月二二―二七日
八重山・台湾ツアーⅠ（羽田発着）（ビッグホリデー主催：八重山二泊、台湾三泊：ANA、中華航空、八重山観光／安栄観光フェリー、台鉄等利用）　価格二二万円　参加者数〇名（最小催行一五名）　最少催行人員に満たず中止（担当　島田）

二〇一六年

六月二―六日
八重山・台湾ツアーⅡ（福岡発着）（ビッグホリデー主催：八重山二泊、台北二泊：ANA、中華航空、八重山観光／安栄観光フェリー等利用）　価格一五万円　参加者数一二名（最小催行八名）（島田、古川が参加）

八月二―五日
対馬・釜山ツアーⅢ（福岡発着）（近畿日本ツーリスト九州福岡支店主催：上県・比田勝各一泊・釜山一泊：ANA・JR九州高速船ビートル利用）　価格七万八千円　参加者数〇名（最小催行一五名）
最少催行人員に満たず中止（担当　花松）

八月二七―三一日
稚内・サハリンツアーⅢ（札幌発：北緯五〇度線他）（北都観光主催：サハリン四泊：飛行機、夜行列車など利用）　価格二二万四〇〇〇円　参加者数二五名（最小催行一五名）（高田が参加）

九月六―一二日
中露国境ツアー（新潟発：綏芬河・ウラジオストク他）（エムオーツーリスト主催：新潟一泊、ハルビン二泊、綏芬河一泊、ウラジオストク二泊：中国南方航空、大韓航空、中国鉄道など利用）　価格二五万九

千円　参加者数一八名（最小催行一五名）　（岩下が参加）

一〇月二六―三一日

国境を越えない「国境」ツアーⅡ（東京竹芝発・小笠原）（ビッグホリデー主催・船中二泊、父島二泊、母島一泊・船を利用）　価格一五万八千円　参加者数一五名（最小催行一三名）　＊モニターツアーとして実施（山上、古川、花松が参加）

＊参加者のうち傍線が引かれた者が主たる企画提案者

目次

序章　誕生秘話

岩下明裕

与那国で飛行機をチャーターする

二〇一〇年の晩夏だったろうか。二〇一一年五月に予定されていた境界地域研究ネットワークJAPAN（JIBSN）*設立のプレセミナーとなった沖縄県与那国での集いの準備を始めたとき、外《ほか》間守吉《ましゅきち》・与那国町長が言った。「せっかく与那国に集まるのだから、飛行機をチャーターしてみんなで台湾に行こう。姉妹都市の台湾・花蓮市でもセミナーをやらないか」。「面白い」と思った私は二つ返事で話に乗ったが、その後、とても後悔することになる。

関係者に相談してみたところ、ネットワークづくりを支援してくださっていた笹川平和財団の助成や北海道大学スラブ研究センター（現在はスラブ・ユーラシア研究センター）が主導するグローバルCOEプログラム「境界研究の拠点形成」（二〇〇九―二〇一四年）**のプロジェクトがあるから、経費的には問題ないと踏んでいたのだが、チャーター代などを大学がそのまま出せるはずがないと釘を刺される。ただ一つのやり方は、旅行会社を通じてチャーターし、搭乗数をもとにチケットをつくってもらい、セミナー参加者にそのチケット代を含む与那国から台湾・花蓮への旅費として支出するというものだった。そこで秋にかけて与那国側と協議を始めた。

まずチャーター代が二百数十万。台湾の復興航空七〇人乗りを沖縄の中央ツーリストが手配するとのことだが、台湾から与那国まではカラで飛んでくるため、片道のみのフライトとなり割高になる。それ以上の問題は果たして何人乗るかであった。搭乗者数で単純に頭割りというわけでないにしても、普通に考えれば、乗る人が少なければその分、チケット代は高くなる。できれば満席にしたい。とはいえ、与那国セミナーに参加する予定数は三〇から四〇人。与那国島から乗る人も、せいぜい一〇人程度。あと二〇から三〇足りない。チャーターの契約ができなければチケット代が確定できず、残りの集客もできない。しかし集客のめどが立たなければ、契約に二の足を踏まざるを得ない。ジレンマの中、時間だけが流れていった。

セミナーの日は五月一四日。台湾に渡る日は一五日と決まっていた。二〇一一年に入り、いよいよ決断を迫られた。社会的なインパクトを持たせるためにも、一人あたりのチケット代を下げて、一般の方にも乗ってもらって満席を目指すべきだろう。だが三〇名しか乗らない最悪のケースも想定しなければなるまい。半分しか乗客がいない場合、赤字が一〇〇万。これをどうするか。困り果てて、九州の対馬に住むある企業家に相談を持ち掛けた。彼が言った、「俺は五万出そう。あとはお前が自分で募るんだな」。その声に後押しされた私は、知り合いで応援してくれそうな友人たちに電話をかけまくった。サポーターが一〇人集まった。これで五〇万。残り五〇万はボーナスをつぎ込もう。こう腹をくくった翌日、私は与那国町長に電話をかけた。「やりましょう」。かくてチャーターのめどが立ち、人集めに専念することができた（後日談だが、結局、チャーター便は満席となり、私個人の負担はなかった。そして当時の支援の輪が、ボーダーツーリズムの企画を生み出すNPO法人国境地域研究センター（JCBS）誕生の契機となる）。

だが、新たな難題に直面した。全国の自治体関係者や研究者がセミナーのために、那覇や石垣経由で与那国に入り、セミナー後は台湾へ行く。ここまではいい。だが与那国に戻るフライトなどないし、石垣や那覇経由で戻れたとしても同じルートで出発地まで帰るのも、手間と経費がかかるだけでなく魅力に乏しい。実際、台北から日本の全国主要都市へは直行便が飛んでいる。与那国から台湾に入った後はそのまま出発地に戻るルートでチケットをつくるべきだろう。だが周知のごとく、外国発の日本までの片道運賃ほどディスカウント料金の手配が難しいものはない。沖縄の会社である中央ツーリストも台北から那覇までの戻りチケットはそれなりの料金で手配できると言う。だが、名古屋や札幌、東京までは正規の片道料金でしか対応できない。そう与那国から台湾までのチャーター便のチケットが例えば四万としても（これだけでも安くない）、さらに日本までに一〇万近くを余分に払わなければならない。チケット代だけの金額がこれである。さらに出発地から与那国までの国内チケット運賃も忘れてはならない。誰がこんな料金で参加するだろう。

再び困り果てて、今度は旅行会社の友人に電話する。そのつてで台湾の旅行会社が安く戻りのチケットを手配してくれることになった。普通なら、中央ツーリストがこの会社と組んで与那国から台湾までと日本までの帰りの手配を一緒にやってくれそうなものだが、彼らにはこれを拒否される。「中央ツーリストは他の旅行会社と連携しない、やりたかったら自分たちでどうぞご自由に」と。顧客の立場から言えば、窓口は一つの旅行会社に一本化された方がいいに決まっている。結局、参加者には二つの旅行会社（出発地から与那国までのチケットもあるから、正確には三つ）とやりとりをしてもらう不便をかけた。

周遊チケットの問題はめどがついたものの、チャーター便を満席にできるかどうかはまだ不透明だった。実は二〇一一年は年頭から鳥インフルエンザで荒れた年であった。韓国南部で大発生した鳥インフルエンザは、九州を中心に蔓延。海外からの多くのフライトがキャンセルになった。そして例年、春先から運行される台湾から石垣へのチャーター便フライトもほぼキャンセルであった。四月には終息していたのだが、台湾からの観光客は二の足を踏んでいた。そこで急遽、石垣、竹富、与那国の八重山三市町で台湾への観光促進キャンペーンを行うことが決まった。そして幸か不幸か、私たちが与那国から花蓮へ飛ばすフライトが日本側のイニシャティブによる、この年最初のチャーター便となった。与那国町長の呼びかけで、石垣市長、竹富町長もこのフライトに同乗することが急転直下決まった。今度はチャーター便があっという間に満席。キャンセル待ちが出るほどになった。

五月一五日、一時間遅れで復興航空が与那国空港に到着。普段は国内線のセキュリティチェック

国境越えツアーの端緒となった台湾チャーター便（2011年5月）

の場所に、入管と税関の敷居がつくられ、与那国と書かれた出国スタンプが押される。およそ四〇分のフライトで花蓮に到着。現地でセミナー、交流会、そして近郊のフィールドワーク。私個人にはチャーター便以外の記憶はあまり残っていない。

稚内からフェリーでサハリンへ渡る

日本で国境を眼で見ることができ体感できる場所が北海道にもある。直線で五〇キロほど先にサハリンが見え、航路で結ばれている稚内。与那国と花蓮でのセミナーの成功を受けて、国境越えセミナーの機運が高まっていた。二〇一二年九月、ＪＩＢＳＮ発足後、最初のセミナーの開催地となった稚内。フェリーに乗って国境を越え、サハリンでもセミナーを開催し、巡検（地理学などでよく実施される現地視察調査）を、というプランを考えた。

私は元来、ロシア研究者なのだが、今から思えば、サハリンという地域をこのとき軽く考えていた。次項で詳述する同年一一月の福岡と韓国・釜山を結ぶ国際会議の組織と準備で頭がいっぱいであり、気が回らなかったこともあったが、与那国の飛行機チャーターに比べれば、既存のキャリア、つまり定期船フェリーに乗るだけであったし、稚内市の協力や地元旅行会社の手配で会場や巡検の準備も滞りなく進んでいた。JIBSN結成直後でメンバーの士気も高く、初代代表幹事に就任した外間守吉・与那国町長、国境離島振興に積極的な財部《たかべ》能成《やすなり》・対馬市長をはじめ、東京都小笠原村、長崎県五島市からも行政幹部が参加し、若手が参加した沖縄県竹富町、民間や記者が参加した北海道の根室市など、錚々たる代表団が稚内に集結した。稚内市の工藤広市長の挨拶に始まり、市サハリン課、商工会議所などの支援で懇親会も大いに盛り上がった。後に稚内とサハリンのツーリズムを仕掛ける高田喜博（公益社団法人北海道国際交流・協力総合センター（HIECC））や北都観光のボーダーツーリズムで解説を担当した井《い》澗《たに》裕（スラブ・ユーラシア研究センター共同研究員）もこのときの参加者であった。

　稚内を出航し、ハートランドフェリーのアインス宗谷でおよそ五時間半。波もおだやかで二等船室でロシア人グループと一緒に過ごす。国境を越えると船内アナウンス。国境通過証なるものも配布された。税金がかからない船内の自動販売機では一〇〇円でビールが買える。船内で配られた弁当をつまみにビールを飲む。やがてコルサコフにフェリーが滑り込む。

　そのさびれた港の風景に参加者が驚いている。船着き場にはロシアの国境警備兵が二名立つ。国境に敏感なロシアだから、写真をとらないようにと事前に注意していたこともあり、スムーズに下船できた。ただターミナルへ向かうバスは稚内を以前走っていた宗谷バスの中古。出入国施設も小さなバラック。時間も二時間ほどかかる。韓国製のこれまた乗り心地のいいとは言えないバスでユジノサハリンスクへ到着。与那国町長がまちを見て、ここには側溝がないと驚いていた。そのためだろう、風が吹くとほこりが舞い散り、衣服に汚れがつきやすい。

前夜祭をウォッカとロシア料理で楽しみ、国境を越えてがらりと変わる食の風景も旅の醍醐味だと痛感する。特に北海道でなじみのイクラ。その多くは醤油漬けだが、ロシアでは塩漬けがほとんど。同じ素材でも好みが違う。多くの参加者がサハリンの風景を見て、北海道を感じていた。博物館などに戦前の日本の建築物が残る一方で、ロシア風の近代的なモールがそびえる。ロシアのようでロシアでない、北海道のようで北海道でない。不思議な感覚を皆が楽しんでいたように思う。先住民や、日本統治時代にいた朝鮮人などをめぐる様々な慰霊碑やそれにまつわるエピソードもあり、日本とロシアの境界地域の独特な風景が、台湾や韓国との境界地域から来た行政関係者には、国境の比較という新しい観点をもたらしたと思う。

閑散としたコルサコフ港にフェリー到着
（2012年8月）

セミナーはサハリン在住の学者、実務者及び稚内でかつて研修をしていた企業者らの参加や報告もあり、和気あいあいと進行した。また日本の境界地域の実情やその特色についてのプレゼンテーションは日露の新しい友好を演出するのに大きく貢献した。特に対馬沖海戦（日本海海戦）の折、沈没した船から漂着したロシア人およそ一四〇名を上対馬の住民が救助、介護し、毎年、その記念碑の前で慰霊祭が行われているとの逸話を報告した対馬市長に、ロシア人参加者の全員が惜しみない拍手を送った。

セミナーは無事、終了したが、そのときハプニングが起こった。移民局の関係者が参加しており、全員のパスポートをチェック。「観光ビザ」での参加者の一部からの聞き取りを行った。私は責任者として事情を説明したが、「観光」の定義を単なる物見遊山と狭く理解する彼らにはこのような勉強会を巡検の前に実施する私たちの意図がよくわからなかったようだ。最終的には無事、話がまとまったものの、ロシアという国の難しさ、たとえ観光であっても何かをやるときの厳しさを改めて実感した。聞くところによると、北方領土（南クリル）を管轄するサハリン州は機を見て様々な嫌がらせを日本側にしてくるという。私たちは地域と地域の友好と交流を前提としていたから問題はなかったが、場合によっては北方領土を日本領とした（日本では当たり前の）地図を持ち込んだだけで、没収や取り調べを受けることも少なくないそうだ。

参加者一同、ロシアと付き合う難しさを味わった巡検となったが、この経験もまた強い記憶として残り、国境を越える旅の得難い奥深さを体感させたようだ。「私は個人的に二度とサハリンには来ない」とそのとき思ったが、この希望はすぐに裏切られる。

対馬で高速船をチャーターする

二〇一二年にはグローバルCOEプログラムが誘致した国際会議 Border Regions in Transition（BRIT）XIIを福岡と釜山で実施した。ヨーロッパで誕生したこのボーダースタディーズのネットワーク会議は、国境を挟んだ二都市で開催し、中日に移動して、国境地域の巡検を入れることが定番となっている。東アジアでの初開催となったこのBRITでは、巡検を「国境の島」対馬とし、JR九州高速船ビートルをチャーターし、福岡から厳原《いづはら》に入り、島を縦断し、北の比田勝《ひたかつ》から出るというプランをつくった。二〇一〇年の対馬での「国境フォーラム」以来、上対馬の面白さに魅かれた私は当時、財部能成・対馬市長をはじめとする市役所の関係者、上対馬でスーパー及び福祉施設を営む武末裕雄・慶長会会長、釜山と結ぶ高速船業務を手掛ける傍ら地元でペンションを経営する比田勝亭さんらと交流を重ね、対馬を日本のみならず世界に売り出したいと考えていた。

JR 九州高速船をチャーターして対馬へ
（2012 年 11 月）

対馬は古くは日本書紀に出てくる神社や城跡、（豊臣秀吉の出兵の「後始末」として、朝鮮側と徳川幕府との間を取り持った）宗家による「国書改ざん」、これに続く朝鮮通信使の最初の上陸地など、朝鮮半島との結び付きでよく知られているが、それ以外にも元寇の最初の襲撃地、近代に入ってからはロシアとの対馬沖海戦など世界的なスケールで隣国に対する「砦」あるいは「交流」の最前線としての役割を持たされてきた。また自然の豊かさ、漁場の豊饒さも素晴らしく、様々な村が点在した島のあり方は一種の日本全体の縮図のようにも見え、かの「離島振興の父」でもある宮本常一を魅了したことはよく知られている。

だが第一章で触れられているように、対馬は韓国人観光客に大人気である一方で、島を訪問する日本人観光客は少ない。世界ではそれなりに名前を知られているにもかかわらず、実際に訪れる（韓国人以外の）外国人観光客もほぼ皆無だ。

与那国の経験でチャーターに懲りていた私だが、ＪＲ九州高速船の対応はスマートであった。国際会議開催との関係で福岡市及び観光関係部署、そして何よりも地元シンクタンク九州経済調査協会の支援（担当はコラムを寄せてくださった加峯隆義氏）を得られたのも大きかった。ＪＲ九州高速船は、もともと福岡から釜山までの航路で運航していたが、それまで韓国の会社が独占していた比田勝・厳原と釜山の航路にも二〇一一年から参入しており、対馬と釜山を結ぶ船のチャーターについて問題はなかった。課題は福岡から対馬の厳原までの運航であった。この航路は許認可の関係上、九州郵船の独占航路であり、他社の参入は難しい。そのため私たちは九州郵船にも相談してみたが、生活航路であること、また高速船の船舶が手一杯なのでコスト的にも高く、また高波による欠航のときでも経費を払わなければならないなど、企画側には厳しい条件であった。

JR九州高速船によれば、福岡から厳原までは定期運航していないが、年三回までなら特別に可能だという。そこで福岡から厳原に接岸、船を回遊してもらい、比田勝から釜山に一日で入る巡検プランを考えた。価格は与那国のチャーター便とほぼ同じ。今回は乗客は会議参加者のみであり、定員二〇〇名はほぼ満席になるし、参加費の中に巡検代を計上しておくから問題はなかった。島に上陸した後は、厳原から比田勝までは対馬交通バス五台を借りて縦断。財部市長も途中まで同乗し、講演。日本海を望む上対馬の日露の慰霊碑の前では武末会長に解説をお願いした。

日本とロシアの国旗がはためき、(財部市長がサハリンで紹介した)記念碑に海戦で命を落としたロシア人五〇〇〇名の名前がロシア語で刻まれているこの地は、特に欧州やロシアからの外国人参加者に強い感銘を与えた。四〇カ国から約二〇〇名が参加した国際会議だったが、参加者は対馬に強い印象を得ることになった。巡検の前日、対馬市長の要請により、福岡で市民ミュージカル「対馬物語」の上演も行った(当時、対馬と釜山以外では初)。ジェームス三木脚本による、秀吉からの朝鮮出兵要請、徳川幕府と朝鮮との間での国書のやりとりなど、「狭間」に立つ国境の島ならではの宋家の苦悩を描いたこの物語は、市民劇団とは思えぬレベルの高い演劇であり、英語と韓国語の字幕も流れ、ミュージカル慣れした欧米の参加者たちも大いに感動していた。

もっとも素人が企画し、運営した旅だから、小さなトラブルや失敗はいくつもあった。スタッフの集合時間をギリギリにしたため、参加者の多数が先にターミナルに到着したことによる混乱。チャーター便が対馬までは国内線であり、いつもとは異なる国内線ターミナルから出るにもかかわらず、参加者は釜山へ直行する(通関手続きのある)国際線ターミナルにタクシーで連れて行かれる。対馬のバスの運転手に配らなければならないサンドウィッチを渡すのを忘れていたり、釜山で下船の際、参加者同士が手荷物を取り間違えたり、といった事件もあった。この日は晴天で波も穏やかで船はほとんど揺れなかったのだが、人生で初めて船に乗ったというネパールや中国からの参加者が船酔いしてばたばたする一幕もあった。このときのロジ(旅行)手配を仕切った一人が、当時グローバルCOEプログラムの研究員として北海道大学に勤務し、後に九州大学に移り、対馬のツーリズムを手掛ける花松泰倫であった。

比田勝を出国し、釜山に渡る高速船の中で思いついたことがあった。福岡から対馬までは全日空の飛行機がある。この一便に乗れば朝八時半には対馬に到着する、そこから観光しながら北上して一六時の比田勝発の高速船に乗れば、対馬に泊まらなくても観光が可能だと。対馬での団体移動の際に問題になるのは宿泊施設である、泊まらなければこの問題は解決できる。そして何より対馬から福岡に戻らず、そのまま釜山に出ることで、厳原から比田勝までの片道二時間半を往復しなくて済む。国境の旅とはいえ、同じルートを戻る旅よりも、「行き止まり」と思っていた場所から新たに始まる外国への旅の方がはるかに魅力的だ。対馬を通って釜山に行くことでこれまで見えなかったものも見える。天気のいい日は、上対馬から釜山が見えるから、国境を体感して向こう側に渡ることは参加者にとって得難い体験でもあろう。付言すれば、BRITではJIBSNの特別セッションも組み、稚内から与那国までの行政関係者もこの対馬巡検に参加した。

小笠原、五島、竹富、そして根室

JIBSNに加盟している境界自治体には、国境を越えて、直接目に見えるかたちで交流できない地域も含まれている。小笠原、五島、竹富などがそれに当たる（境界自治体の定義については古川浩司「「境界自治体」とは何か」を参照）。

JIBSNが結成された直後、二〇一二年二月に稚内セミナーやBRITの前に最初に試みた旅が小笠原訪問であった。小笠原は東京から一〇〇〇キロ南。航空路がないため、おがさわら丸というフェリーのみがおよそ週一回運航、しかも、二五時間ほどかかる。小笠原に行くということは一週間拘束されるだけでなく、弔事が起こっても帰れない。事実、私は、父島に到着した瞬間に家人から電話をもらい、義理の姉の急逝の一報を受けたが、もちろん葬儀に出ることはできなかった。

小笠原村は第二回「国境フォーラム」（二〇〇九年一二月根室開催）以来の参加メンバーであり、JIBSNの創立メンバーでもあるが、一度、二〇〇八年の復帰四〇周年記念で組織した「国境フォーラム・特別セミナー」の折、私は行政上の役職にあり、一週間も札幌を空けられずに参加できなかった。JIBSNができて最初にやることは小笠原に行くことだと考え、JIBSN「小笠原リトリート」として巡検を全面に打ち出すかたちで組織した。一週間丸ごとかかる小笠原に他の国境

与那国・対馬・小笠原の代表が「根室・国境フォーラム」に集結（2009 年 12 月）

地域の首長を連れて行くのはスケジュール的に容易ではないため、どうしてもこういうスペシャルなかたちでしかイベントをやれない。だが、担当者の渋谷正昭課長（現副村長）から「やっと来てくれましたね」と言われたとき、普段から現場が大事と言っているにもかかわらず、これまで島に来なかった己の不明を恥じいった。世界遺産認定で沸く島であったが、この巡検で、かつて南洋群島とつながり、今は海をめぐる様々な諸問題を抱えつつ「国境の島」として急速に自覚を持ち始めている島の実情を学んだ。国境は見えないが、国境を感じることができる。見えないつながりをどのように体感するかが、私の中で課題として立ち上がった瞬間であった。

稚内・サハリンの旅の経験で、より団結が高まったＪＩＢＳＮは以後、毎年持ち回りでセミナーを実施するようになった。グローバルＣＯＥプログラムも、笹川平和財団の助成も二〇一三年で終わりになるのだが、自分たちの経費をそれぞれに持ち寄って回せるだけの実績と経験がすでに共有されていた。特に年次集会、セミナーを担当する自治体は地元の関係者とともに万全の準備態勢をとる仕組みが出来上がった。その先陣となったのが二〇一三年一〇月の五島セミナーである。五島の福江島は椿の産地、電気自動車の普及などエコロジーの先進地、そして何より世界遺産候補のキリスト教会群の存在で有名だ。五島は東シナ海に面しており、遣唐使のルートに当たるなど、大陸との交流の最前線であり、今は台風のときには中国船が西側の港に避難に入る。今はここから国境を越えることはできないが、歴史的には済州島との結び付きもあったとされる。

国境を越えてどこかと結ばれていなくても、巡検で国境を体感することは可能だ。このセミナーの後、野口市太郎・五島市長(JIBSN現代表幹事)も同行し、佐世保からのチャーター漁船で男女群島、(EEZの基線となる)肥前鳥島を見ることができた。波が高い日が多く、男女群島に上陸できる確率は四回に一回程度という。晴天と凪に恵まれ、ピクニックのような一日であった。国境を越えなくても地域を見るだけでワクワクする体験となった。

翌二〇一四年一一月は沖縄県竹富町がホストであった。当初はチャーター船で波照間《はてるま》島まで回遊するプランも予定されていたが、欠航のリスクを鑑み、セミナーを西表《いりおもて》で行い宿泊し、竹富島をめぐるコースとなった。西表でも船でしか行けない舟浮では、旧税関の場所を発見し、かつての島の「国境」的な機能に参加者一同、思いをはせた。竹富町は台湾などとの国境を越えた交流や観光に力を入れており、後にこのときの機会と竹富町の積極的なイニシャティブが、九州経済調査協会の島田龍に八重山と台湾を結ぶツアーの造成(旅行業界用語)へと向かわせる。

最後に根室に触れておきたい。根室は与那国での最初の「国境フォーラム」以来、最も熱心なJIBSNメンバーの一つである。就任したばかりの長谷川俊輔・根室市長は対馬での最初のフォーラム、石垣雅敏・根室副市長は与那国・台湾セミナーにも参加されている。だが、「国境フォーラム」へ参加する際、報道などでは「根室は国境のまちではないけれども、『国境フォーラム』へ参加する」という不思議な解説が付きまとっていた。はしがきの追記で触れたように、稚内などと違い、領土問題の存在があるがゆえに、根室は「国境」という言葉で呼ばれることを禁じられてきた。「北方領土返還運動の原点」の地でもあるから、「観光」など物見遊山で納沙布岬に行くなどというのもよろしくなかったろう。いわば、「国境観光」という表現が最も忌避された場所こそ、根室であった。だが実際の根室は、サンマやカニなど魚のまちであるのみならず、夏場は朝三時に朝日が昇る本土で最も日照時間が長いまち、またジャズのまち、野鳥の宝庫として様々な魅力のある場所でもある。根室でのセミナーを経て、私たちは根室のまちの魅力を存分に理解していたから、根室の「知られざるリソース」を何とか発信したいとも考えた。後に発案する、国境を越えない「国境」ツアーもこうしてJIBSNの活動で下準備が整っていく。

ボーダーツーリズム・トライアウト

こう書いていくと、全てが合目的的に響くのだが、実際にはまったくそうではない。ボーダーツーリズムをとりあえず思いつくままに手掛けてみて、その時々の企画を後から振り返ってみれば早い時期から潜在的に用意がなされていたことに気づいたというのが本音である。いずれにせよ、これらJIBSNの活動の積み重ねを前提に旅行会社とタイアップしたボーダーツーリズム造成の歩みが始まっていく。手始めに対馬、そして稚内、沖縄八重山とこれは広がり、社会でも注目されていく。ＪＩＢＳＮにとっても新しい試みだと加盟自治体からは歓迎され、本書の各章で描かれるようなボーダーツーリズムが実施されていった。

　第一章は、対馬の旅づくりから始まる。最終章の座談会でも触れられているように、ＢＲＩＴの経験をもとに福岡から対馬を通って釜山に行くというツアーの最初のトライアウトは、九州経済調査協会の島田龍によって手掛けられた。その蓄積をもとに対馬との関係を深め、新しい商品の造成に挑戦したのが、この章を担当した花松泰倫である。第二章は、対馬の成功をもとに、稚内からの旅づくりを手掛けた記録である。ＨＩＥＣＣで地域振興や観光に関わってきた高田喜博がこの章を執筆した。また高田は国境を越えない「国境ツアー」のアンケートも解析している。第三章では、島田龍による八重山と台湾のボーダーツーリズムづくりのプロセスが論じられる。冒頭で触れたように、ＪＩＢＳＮに関わる巡検で最も困難だったのが、与那国と台湾のチャーター便事業であったから、八重山に関しては島田のイニシャティブを後方支援するにとどめていた。第四章は、国境を越えない「国境ツアー」の第二弾として企画された小笠原の旅に焦点を当てた。この章は旅への同行者・参加者の目線から書かれたエッセイで編まれている。企画者たちの手による視点と違うまなざしを知ることで読者はボーダーツーリズムの魅力を重層的に楽しむことができるだろう。なお、小笠原以外でこれらのツアーに関わった添乗員、旅行会社、自治体、現地の方々、そして参加者らの声をコラムとして各章末に配置している。ボーダーツーリズムについての様々な見方、感想、期

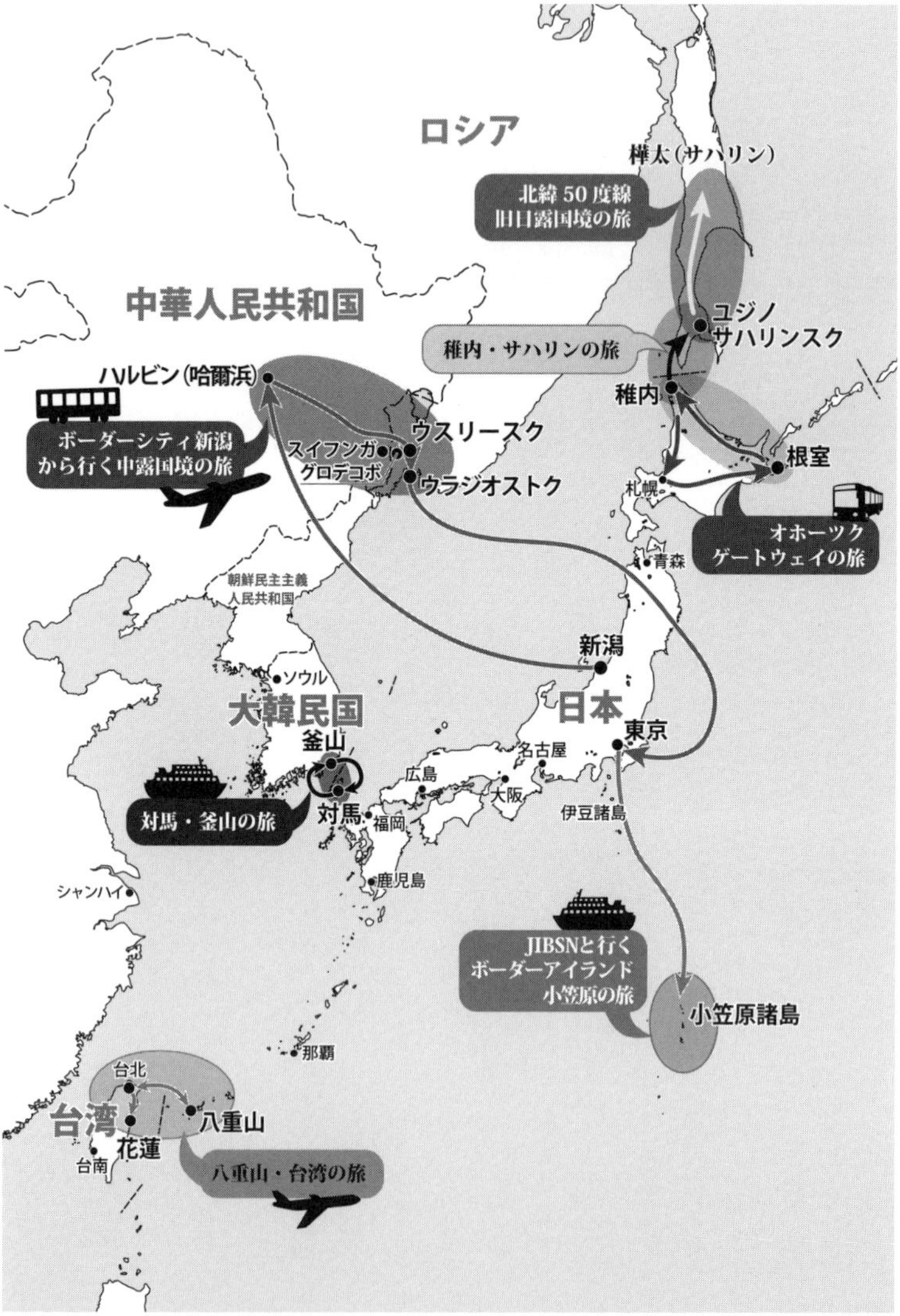

各地で展開されるボーダーツーリズム（2016 年現在）

待などの深みと広がりを同時に堪能してほしい。

最後にＪＩＢＳＮの設立以来、このネットワークをまとめ、ツアーにもしばしば参加した古川浩司が、ボーダーツーリズムを学問的にどう位置付けうるか整理する。それまでの章とは異なり、ややアカデミックな議論がなされるが、本書を単なるツアーの記録集に終わらせないための試みとして読者にはお付き合いいただきたい。最終章としては、執筆者全員による座談会の記録を収録した。忌憚のない議論の中で各章においてなされた分析や、ボーダーツーリズムとは何かという問いかけについて自由に議論を展開していただいた。新しい何かが立ち上がるときの軽い興奮と勢いの醍醐味を読者に少しでも共有していただけたらと思う。

ここで本書の中では紙面があまり割かれていない、私自身が率先して手掛けたいくつかの企画の背景について紹介しておきたい。第一に稚内を軸とする様々な企画である。稚内は北海道の中でも、名寄《なよろ》からＪＲで二時間半かかるなど、地域的にかなり自立したまちであり、地域ビジネスが行政にもかなりの影響力を有しているところだ。ＪＩＢＳＮの設立プロセスで、稚内商工会議所との交流が深まり、稚内からサハリンの旅をつくるために現地に高田喜博と足を運んだ。ツアー参加者が稚内に集まり、「国境のまち」を観光してからサハリンに渡るというプランを説明した。サハリンの手配については北都観光が引き受けることになり不安はなくなったが、専門家の同行解説が不可欠と考え、サハリン史研究者井澗裕の参加を私たちでアレンジした。ツアーの鍵は稚内の観光をどうサハリンと結び付けるかであった。これについては、市役所のサハリン課が、参加者のためにバスを手配した。また地域史にも詳しくロシア語も堪能な中川善博主査をこれに同乗させ、稚内の解説の手筈を整えてくれるなど全面支援してくれた。市の商工会議所からは地域振興券を頂戴し、サハリンに向かう前日の宿泊時の飲食などにこれを使えるよう支援をいただいた。北都観光のいち早い広報もあり、この年、最初のサハリン行きとなったこのボーダーツアーは四〇名近い参加者があり、北海道新聞、毎日新聞、共同通信、ＮＨＫの記者が同行取材し、ＮＨＫでは全国ニュースになるほど盛況となった（ツアーの詳細と分析は第二章を参照）。

この稚内とのコラボの経験をもとに、根室を起点としオホーツクを縦断するツアーをつくろうと思いたったのが、同じ年の後半であった。札幌に支社を構えたばかりのビッグホリデーの協力を得て、中標津《なかしべつ》空港集合、根室、標津、網走、紋別を回り、猿払《さるふつ》村を抜けて稚内に至る三日間のツアー、つまり太平洋からオホーツクを経て日本海に至るツアーを造成した。この企画は、ＪＩＢＳＮメンバーの根室市と稚内市の全面的な協力から始まったが、オホーツクをめぐることもあり、根室、稚内、オホーツクといった道の三つの振興局が全面支援する体制をとった。これに北見、網走、紋別の三つの市も後援し、標津町からも格段の協力を得た。冬場の観光ルートとしてなかなか機能しにくい、道東から道北にかけての新しい旅の試みとして大いに注目されたものの、集客には苦労した。とはいえ、このツアーはコンテンツ探しのモニター的な側面も強く、地元信用金庫、商工会議所など地域ビジネスのサポートにより、連日、夕食の集いは盛り上がり、新しい旅の醍醐味を参加者一同、楽しんだ。行程や詳細については第二章の後半を参照いただきたい。

サハリン北緯五〇度から中露国境へ

スペシャルでややマニアックな国境に関する企画も手掛けてみた。前にも述べたように私自身の研究者としてのキャリアはロシア研究でつくられてきた。特にボーダースタディーズとの関係で言えば、中露国境地域のフィールドワーク調査が原点と言える。その意味で中露国境を観光に結び付けたいというアイデアはこの事業を始めた当初から温めていた。私の中露国境調査を長年、手配してくれていたのがエムオーツーリストの濱桜子（NPO法人国境地域研究センター理事）であった。彼女は与那国のチャーター便のときにも支援を約束してくれた一人でもあり、ロシアで何かをやるときには一緒に仕事をすることになると考えていた。

二〇一五年六月に北都観光と組んだ稚内・サハリンツアーの応用編として、まず北緯五〇度線、旧日露国境を訪れるツアーを一緒に企画した。当時、サハリン側でカウンターパートとなる旅行会社が手配に二の足を踏んでいたこともあり、準備は難航したが、大鵬が生まれたポロナイスク、岡田嘉子と杉本良吉の亡命で知られる旧日露国境（とそこにあった標石の台座）を見る旅は、高価格であったにもかかわらず、定員を超えるマニアック?な関心を持つ参加者を得た。サハリンを歩きつくした写真家斉藤マサヨシによる同行解説に、参加者の一人、ロシア文学研究者木村崇（京都大学名誉教授）によるチェーホフ博物館などへの特別エクスカーションは場を盛り上げ、ユジノサハリンスク総領事館関係者、北海道新聞現地特派員らも参加した。このツアーには六月の北都観光のツアーに参加したリピーターもおり、ディープな旅にさらに感銘を受けたようだった。ロシア語の堪能な機敏な添乗員に加え、専門的な解説ができる参加者が複数、しかも違う分野で参加すれば、ツアーがより盛り上がることを実感した。

この経験を踏まえ、二〇一六年九月に濱と仕掛けた第二弾が、中露国境紀行である。このツアーが生まれたのはある種の偶然であった。二〇一五年にボーダーツーリズムがメディアで大きく取り上げられたとき、新潟日報の記者から突然、電話取材を受けたのが始まりだ。「新潟でこれができないか」。こうたずねられたとき、私は言葉に詰まった。彼らはかつて運航していた新潟からウラジオストクやハバロフスクへの直行便(現在、成田発着に集約)の復活やチャーター便の利用を考えていたようだが、私は「極東ロシアへの玄関口」としての新潟のコンセプトが使えるのではないかと直感した。与那国や対馬の経験から、ボーダーツーリズムは既存の交通手段を使うべきだと考えていた私は、新潟からハルビンへは定期便が飛んでいることを思い出し、新潟発ハルビン経由で行く中露国境ツアーはどうかと提案した。

早速、濱が行程を組む。二人で新潟に行き、同友会、市役所、そして何よりも言い出しっぺの新潟日報の協力を取りつけた。当初、ハバロフスクからへイシャーズ島(中露が二〇〇四年に国境画定のため、半分で分け合った島。特に中国が新たに獲得した島の西半分は観光地として国内旅行客用に整備されている)に行くというアイデアもあったが、一般客の案配を考慮し、最も開放的で往来しやすい中露国境、綏芬河とグロデゴボを列車で越える旅が妥当だと落ち着いた。ハルビンから綏芬河まで鉄道で行き、ウラジオストクに抜けるというのがそれだ。

ハルビン、綏芬河に詳しい中国人学者、ウラジオストクを解説できるロシア人の研究者を手配するのは私たちの役目だ。濱は国境警備隊博物館など通常のツアーが訪問しない国境関連施設を見学コースに手配した。二〇一五年の北緯五〇度線ツアーとは異なり、いやそのときのリピーターも数人参加したこともあり、集客にはほとんど苦労することなくツアーは成立した。メディアなどのおかげもあろう。東京、大阪、福岡などからボーダーツーリズムの「ファン」と称する新しい方々の参加もあった。サハリンでも活躍したプロの添乗員とロシアに造詣の深い木村崇の解説がここでも中露国境越えというチャレンジを楽しい旅へ演出した。中国側の対応も積極的であった。近年、難儀な日中関係だが、民間同士の関係は別だと割り切っており、観光は彼らの地域にとってもチャンスと理解している。日本人観光客がハルビンを通ってロシアに行く、このルートが定着すれば黒龍江省にとっても裨益となるからだ。

解説に熱弁をふるう木村崇・京大名誉教授
(2016年9月)

こうして国境によりこだわったマニアックな旅もまたボーダーツーリズムの醍醐味であることを実証できた。同時にこの中露国境ツアーは、ボーダーツーリズムの選択肢をさらに広げることになった。つまり、新潟のようにカウンターパートの国境のまちが同定できず、飛行機でどこにでも行ける場所を起点にしたとしても、旅づくりはできるということだ。新潟に集合し、環日本海経済研究所の研究員から新潟と中国、ロシアの現在のつながりを聞き、みなとぴあという市の博物館で新潟の日本海を通じた大陸との結びつきを副館長の専門解説を通じて学び、海を越えた向こう側を想像する。これはサハリンに渡る前に稚内の博物館でもやったことだ。ボーダーツーリズムがある種、実際の体感と境界に関する想像の旅で構成されているとすれば、旅の起点においてストーリーを用意できれば、世界のどこにでも行けることになる。アメリカとメキシコの国境観光だって日本発でできると私は思う。国境や境界の見せ方には様々な選択肢があることを知ったという意味で、中露国境の旅は画期となった。

ボーダーツーリズムとは何か

さてここまでボーダーツーリズムが生まれてきた経緯とツアーづくりについての体当たり的なエピソードを紹介してきた。実際に組まれたツアーがどうだったのか、何が特徴で面白く、何が難しく、課題なのか。読者の皆さんには次章以下でそれを存分に味わってほしい。私の個人的な経験を思いつきに整理するにとどまるが、ボーダーツーリズムにはいくつかの特徴があると思う。以下にそれを仮説として提示しておこう。

第一に、ツアーのかたちとして、マスツーリズムになりうるケースと、少人数の特定されたスタディツアー的な性格の濃いケースの両方がある。対馬・釜山（特に対馬に宿泊しないケース）や稚内・サハリン（ユジノサハリンスク近辺のみの小旅行）は価格も比較的安く抑えられ、宿泊の心配もあまりないので、多くの人数を扱いやすい。マスの旅行商品づくりはボーダーツーリズムを普及させるためにも不可欠だと思われる。だがマスツーリズムではボーダーをディープに探る行程は組めない。マスツーリズムでボーダーの面白さを発見した顧客がリピーターとなり、北緯五〇度線や中露国境など様々に展開できる少人数のスペシャルな旅（特定ツーリズム）にも参加するようになれば、ボーダーツーリズムのマーケットは重層的に発展するに違いない。

第二に、ツアーのルートである。国境観光という言葉のみで思考していた当初、私たちはこれを単純往復、つまりクロス・ボーダーツーリズムとして考えていた。福岡・対馬・釜山・福岡、あるいは稚内・サハリン。確かに単純往復は価格も安く、多くの顧客を受け入れやすい。だが新潟発の経験は周遊型、つまり様々な複数の国境や境界を越えたり、比較できるトランス・ボーダーツーリズムの可能性を提示している。トランスのツーリズムは何をテーマにするかによって規定され、いわば世界中を射程に入れることができよう。ボーダーツーリズムはここで、単なる国境地域の移動を越えて、世界中の旅を造成できる枠組みを手に入れうる。クロスできない「国境」地域、いや起点として目の前のボーダーを越えられない地域もまたツーリズムの対象となりうるのを示したのが、国境を越えない「国境」ツアーであろう。領土問題の存在で目の前の島に渡れない根室、そこから南へのルートが現在は切り離されている小笠原など、本来、境界地域的な特徴がありながら、隣とつながれない空間もまたこのコンセプトを使えばボーダーツーリズムの対象となる。こう雑駁にまとめただけでも、ボーダーツーリズムの持つ潜在性の大きさは私たちの予想以上だということがわかる。

かたちの違いにもかかわらず、ボーダーツーリズムに共通するもの、それは地域への気づきであり、「発見」ではないかと私は思う。ボーダーで切り離された空間と空間の違いを体感する。ボーダーツーリズムを一言で整理すればそうなるのだが、この体感がそれまで当たり前だと思っていたものが当たり前ではなく、これまで見えなかったものを見えるようにし、感じなかったものを感じさせる。この最後の点は本書を通じて執筆者それぞれが企画した旅の中で考え続けてきたことであり、序章でこれ以上、語るのは野暮だろう。

ボーダーツーリズム。それは日本では端緒についたばかりの観光の新しいかたちであり、これまで企画してきた私たちの中でも意見は割れている。本書はその違いを浮き彫りにしつつも、共同で新たな事業を立ち上げてきた企画者たちの「闘い」の記録でもある。ではそろそろ、これから、いざ、それぞれのディープな旅に出かけよう。

関連組織

＊　境界地域研究ネットワークＪＡＰＡＮ（ＪＩＢＳＮ）
北海道大学、中京大学などの研究機関と与那国、根室、対馬、稚内など境界地域に位置する地方自治体の任意団体。

二〇一一年に札幌で設立。事務局はスラブ・ユーラシア研究センター・境界研究ユニットが担う。歴代の代表幹事は外間守吉・与那国町長(初代)、財部能成・対馬市長、長谷川俊輔・根室市長、野口市太郎・五島市長(現在)と自治体の首長が務める。加盟自治体がホストとなり持ち回りによる年一回の全体集会・シンポジウムを開くとともに、地域に共通する課題に一緒に取り組むべくセミナーやツーリズムなど様々な企画を実施している。
http://src-hokudai-ac.jp/jibsn/

** グローバルCOEプログラム「境界研究の拠点形成──スラブ・ユーラシアと世界」

日本ではなじみのなかったボーダースタディーズ(境界研究)のコミュニティをアジアやユーラシアにつくり、それを世界の学会や研究団体と接合することを目的とした研究教育のための学術プログラム。文部科学省がつくった大きなプロジェクトだが、国際的な発信力に加え、JIBSNを通じた若手研究者の人材育成、地域貢献なども高い評価を受け、最終評価はトップ。事業を担う後継組織として、北海道大学に境界研究ユニット(UBRJ)が設置された。

http://src-h.slav.hokudai.ac.jp/ubrj/

*** NPO法人国境地域研究センター(JCBS)
研究と実務の連携を軸に展開してきた日本のボーダースタディーズのコミュニティを、市民とビジネス関係者の参画により、より広がりのあるものにするべく設立されたNPO法人。事務所は名古屋だが、理事長は九州、各理事は沖縄から札幌まで居住し、日本全域をカバーする。JIBSNの副代表幹事を務め、特にボーダーツーリズムの企画・発案といったシンクタンク機能も持つ。年一回、境界地域やボーダーの問題に焦点を当てたブックレットを刊行。
http://borderlands.or.jp/

参考文献

古川浩司「「境界自治体」とは何か」岩下明裕編『日本の『国境問題』――現場から考える』藤原書店、二〇一二年。
『ＪＩＢＳＮレポート』創刊号～14号。http://src-hokudai-ac.jp/jibsn/report.html

（追　記）

序章の前史、つまりなぜこういうことを始めたのかということをもっと知りたい読者は、あとがきを最初に読まれることをお勧めしたい。

端っこ？　とんでもない

世の中には「端っこ」にひかれる人たちがいる。端っこを目指して旅行する人も少なくない。来たぞという達成感が得られるからか、地の果てを実感したいからか。あなたもその一人かもしれない。

端っこの地は、「端っこに行きたい願望」にちゃんと応えてくれる。北海道稚内市の宗谷岬に行くと「日本最北端の地」の大きな碑が立っているし、沖縄県与那国島の西崎《いりざき》には「日本国最西端之地」と彫られた碑がある。ほら、ここが行き止まりですよ、よく来ましたね、と。その場でしばらく見ていると、やってきた観光客のほとんどが写真を撮っていく。もちろん私も。二つの碑とも海を背にしていて、その先は水平線が広がる。ここは「端っこに来た感」がいっぱいだ。最北端の土産物屋で買い物をしたり、最西端の食堂で飲んだり食べたりすれば、気分は一層盛り上がるだろう。

その与那国島で面白い話を聞いた。東シナ海に面した小高い丘に立つ「ＤｉＤｉ与那国交流館」の若きスタッフで民謡名人の與那覇有羽さんが、島内の民宿でアルバイトをしていたときのこと。島には端っこ好きの観光客がたくさん訪れるが、何人かから「ここから台湾まで行く飛行機はないの」とたずねられたという。

与那国島から台湾は約一一一キロ。石垣島より約七キロ近い。端っこを求めてやってきたが、いざ来てみると、すぐ隣に台湾があることに気づいた、ならば行ってみたくなった、ということらしい。端っこ好きでやってきたはずの観光客が、現地で国境観光派に転じてしまったわけだ。残念ながら今のところ与那国と台湾の直行便は飛んでいないが。

日本の最北端の地と最西端の地には共通点がある。それは国境の地であると同時に、天候次第で対岸の外国が見えること。それも肉眼で。宗谷岬からはロシアのサハリンが、与那国島からは台湾が。

と書けば、もう一つ大事な端っこの地を忘れちゃあいませんかと言われそうだ。そう、長崎県の対馬だ。この島の北端と対岸の韓国の釜山とは五〇キロ弱しか離れていない。ただし、最北端や最西端の地とはちょっと趣が違う。現地にあるのは端っこをうたう碑ではなく、その名も「韓国展望所」。ここから韓国が見えますよ、こんなに近いんですよ、と言っているかのようだ。地元の人によると、釜山の花火大会が見え、対馬側からも花火をあげるとのこと。

私は二〇一五年から国境観光（ボーダーツーリズム）のモニターツアー（お試しの旅行）に何度か参加してきた。稚内、与那国、対馬という三つの端っこの地、国境の地に立って実感したのは、対岸の外国の、意外なほどの近さだ。地理的にも文化的にも、人々の意識的にも。

私たちは、ともすると外国に対して「遠い」「離れている」という先入観を持ちがちだ。たしかに言葉はもちろん、習慣も文化も違う。隣国とはいえ海の向こう、鉄道や自動車では行けない、パスポートを手に国際線で。日本に住む人の大半はそういうイメージを持っているだろう。

でも、お互いに見える距離ということは、太古の昔から、国家とか国境というものが誕生するはるか前から、人の行き来があったことを容易に想像させる。

いや、こんなに近いのに両者の間には何もなかった、つきあっていなかったと決めつけるほうが無理がある。

これまで試みられてきた国境観光の面白さ、ユニークさの一つが、いきなり外国に飛んでいくのではなく、まず国境地域の日本側を観光し、学び、それから海を渡り、対岸の外国側を観光し、学ぶことだ。その結果、両者がいかに大昔からつながっているか、影響を及ぼしあっているかがわかる。

たとえば稚内とサハリンの国境観光のモニターツアーでは、大陸、サハリン、北海道で、グラデーション状に様々な生活習慣や事物が伝わり、混ざり、広まっていったさまが感じ取れる。宗谷岬が「端っこ」というのは、長い長い人間の営みに比べたら、ごくごく短時間の認識に過ぎない。それは与那国島も対馬も同じ。

端っこの地は、行き止まりの端っことは限らない。それはこちらの勝手な思い込み。それを砕いてくれる。見方が変わる。国境観光にはそんな面白さがある。

（朝日新聞記者・刀祢館正明）

ボーダー体験から見えるもの

今からちょうど五〇年前、夏休みに留学先のモスクワから汽車でヨーロッパ諸国を回った。ポーランド経由で訪れたチェコは、時まさに「プラハの春」のさなかで、ヒッピーたちが群れをなして街角にたむろしていた。翌年卒業して帰国すると間もなく、ソ連の戦車がプラハを制圧する光景がテレビの画面に映し出された。なぜか車窓から見た、鉄条網で仕切られた国境が目に浮かんだ。そのときまで単なる

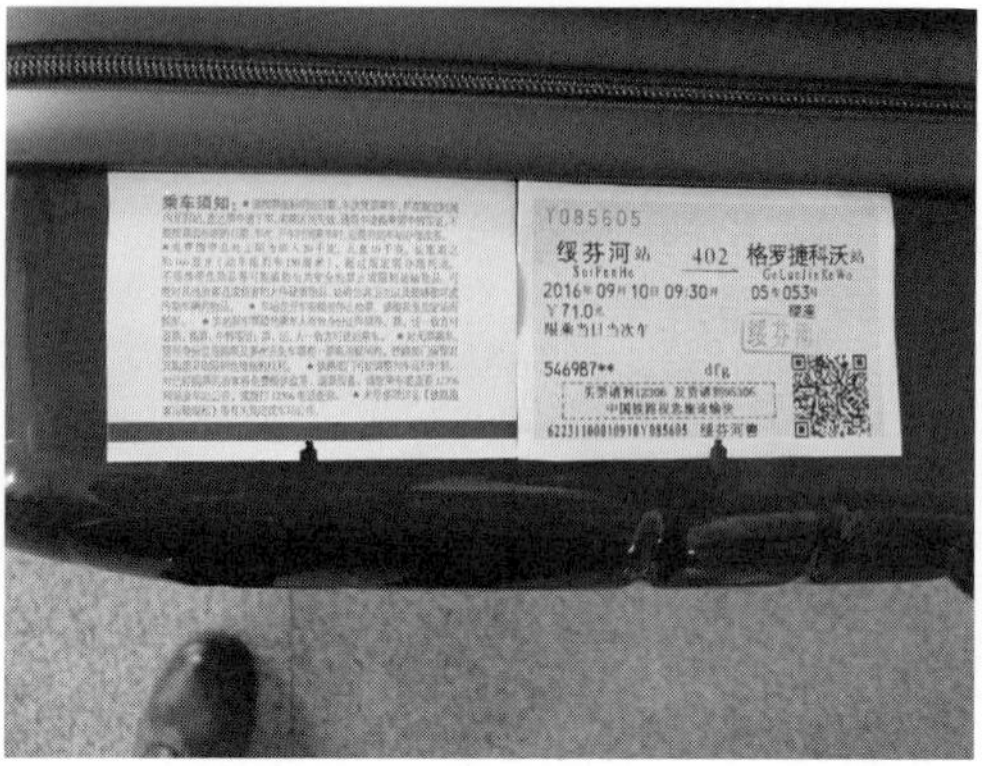

中露国境鉄道に乗る

風景として記憶されていたものが、蹂躙される生々しい「ボーダー」に変化したような気がした。

　海外旅行の移動手段が航空機主体になった今日では、このようなリアリティあふれた体験は得にくいだろう。無人飛行機を遠隔操作して米国本土から中東のどこかにひそむＩＳ軍を探索し爆弾を打ち込む米兵の目には、ボーダーなど「ヴァーチャル」なものでさえ見えることはなかろう。だから地べたを這って体験する国境紀行は、人間が人間らしさを喪失しないためにも必要だと思う。

　二〇一六年、私は「中露国境紀行」に参加した。ボーダーツーリズムとしては四度目か五度目の体験になる。自分がいわゆる「満州生まれ」ということもあって（ただし記憶はまったくない）、極東地域の国境の方が、ヨーロッパやアフリカ、あるいは中南米や中近東のそれよりも、はるかに気になる。すっかり島国の存在に慣れ親しんでしまった現代の日本人は、あえて、無理を押してでも海を渡り、今はなき「大日本帝国」が管理していた「国境」をこの目で確認し、深く考え込んでみる必要があると思っている。樺太の国境標石跡に立ってみて、これは我々の行く末を見据える上でも、とても大事だと実感したからである。どこからか北朝鮮からのミサイルが飛んできはしないかとおびえるよりも（それはそれで避けがたくはあるけれど）、中朝国境はどんなふうになっているか現地で確認して、何をなすべきか沈思黙考するのが、今求められている生き方ではないだろうか。日本の安全のためにはハリネズミのように武装を強化してこの島国に引きこもり、超大国米国の言いなりになって「核の傘」にすがるしかないと思い込む前に、今のところ、幸い行き来のできるいろいろなボーダー地域を訪れて、そこにも私たちと同じような人々が生きているのを目の当たりにしていろいろな体験を積む方がよいと思う。そうすれば変に憲法をいじくり回すよりも、はるかによい知恵が生み出されるだろうと思うのだが。

（京都大学名誉教授・木村崇）

第一章　福岡・対馬と釜山をつなぐ

花松泰倫

はじめに

本章では、日本におけるボーダーツーリズムの先駆けとなった対馬・釜山の境界地域の現状と課題、モニターツアーの取り組みと今後の展望について論じる。ただ、ボーダーツーリズムとしてそれが意識されていたかはともかく、近代日本におけるその発祥は、かつて樺太と呼ばれたサハリン島に日本とロシア（ソ連）によって引かれた北緯五〇度線の国境をめぐる旅であった。当時、この国境に置かれた標石を見ようと、樺太や内地から多くの人が訪れた。明治から第二次世界大戦までの日本の版図の拡大とそれに伴う国境の変動は、人々にある種の「国境感覚」を意識させてきたと思われる。

だが日本の敗戦に伴い、日本は多くの領土を放棄し、同時に国境未画定の地域を多く残しつつ、高度経済成長による発展の中で次第に国境（境界）地域への関心を失っていく。かつてサハリンや大陸に存在した陸域国境の消滅により、国土が海によってのみ囲まれたことで、国境線は物理的に見えない海上にのみ置かれることとなった。かくて国境地域をリソースとするツーリズムへの関心を喪失する。しかし、冷戦の終結、経済的相互依存の強まりなどにより、海や島の機能が変わっていく。安全保障に加え、交流の舞台として再び動態的な役割を担い始めたのだ。

ボーダーツーリズムはこのような国際関係や社会状況の変化に伴い、いま新しいかたちで注目されている。実際、ツーリズムは、境界地域の社会の豊かさと苦悩を国民に知らしめるとともに、国境の意味を再確認させる有効な手段であると思われる。ボーダーツーリズムはまた、これまで経済社会的に本土から見放されてきた境界地域の振興を支える重要なツールの一つとなりうる。古川浩司が執筆した第五章で詳しく分析されるように、日本の境界地域自治体において現在、長年「行き止まり」や「どん詰まり」というネガティブな印象でとらえられてきた国境や境界の意味を転換させ、地域にとっての「資源」として利用しようという試みが始まっている。特に国境を越えたカウンターパートが同定できる地域にとって、観光や貿易の促進による対岸との交流が大きな意味を持つ。

いわばボーダーツーリズムの発展は、こうした境界地域の活性化に直接寄与するだけでなく、国境や境界を挟んだ隣国との付き合いの中で独自に発展する新たな地域モデルの創出と、ボーダーをまたぐ人の直接的な往来によって、これまであるようでなかった親密な「隣人(国)関係」を構築する契機を促す可能性を持っている。本章では、対馬・釜山の取り組みの事例からボーダーツーリズムのポテンシャルを描くことを目的とするが、まずは韓国人観光客に沸く国境の島・対馬の現状と課題から論を始めたい。

韓国人観光客で沸く国境の島・対馬

韓国・釜山までわずか四九・五キロ。国境の島である長崎県対馬は、古来より朝鮮半島とのつながりが深く、現在でも日本と韓国との間の国防と交流の最前線にある。近年人口減少と少子高齢化、主力産業の漁業や林業の衰退が急速に進む中で、対馬と釜山を結ぶ航路の開設に伴って韓国人観光客の誘致に成功し、現在では釜山から年間二六万人もの韓国人観光客が訪れ、島は活気を見せている。

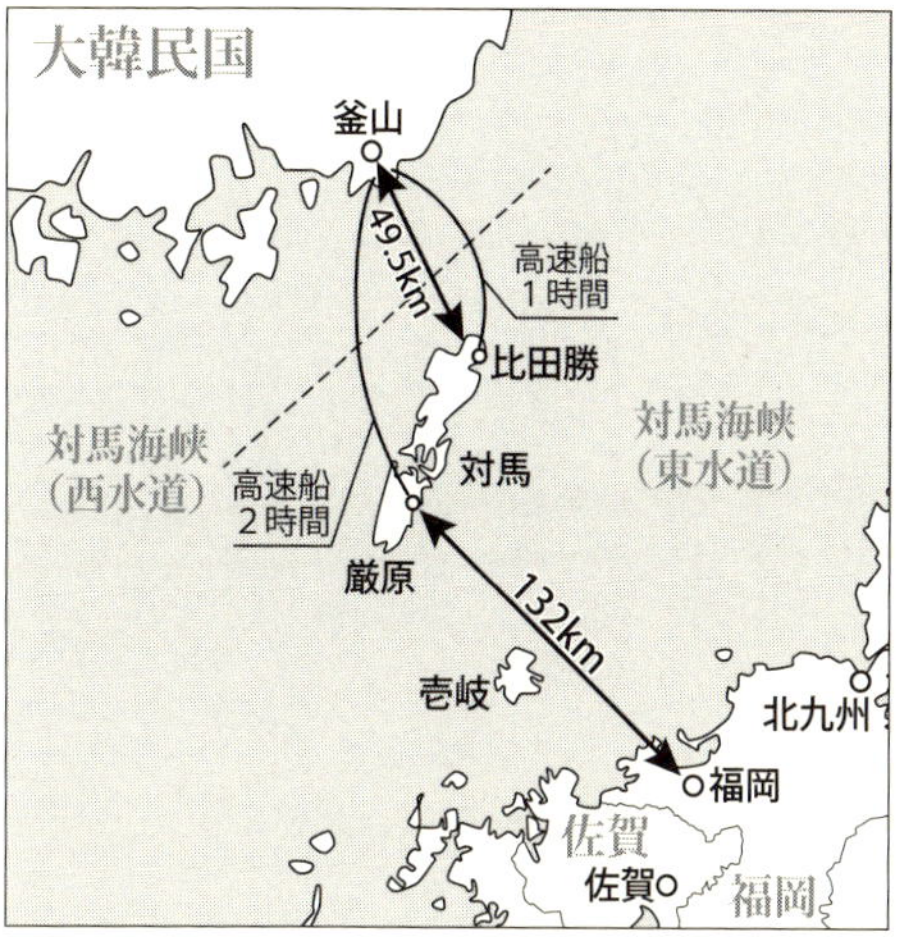

対馬と釜山の位置関係

対馬のボーダーツーリズムと言えば、読者の多くは釜山から来訪する韓国人の観光を想起するに違いない。これは一九九九年の釜山・対馬間の高速船就航とともに始まった。国内の観光・ビジネス客が横ばいで推移する中、島内の観光消費額は

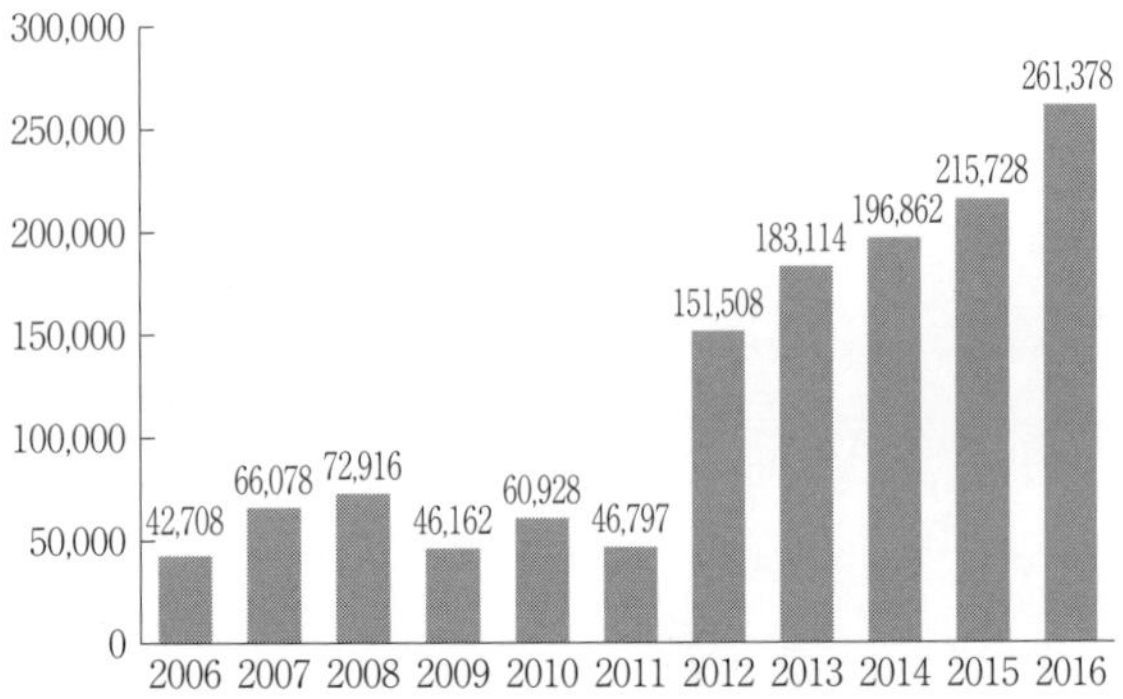

近年の対馬への外国人入国者数の推移

（資料）法務省「出入国管理統計　統計表」および国土交通省
九州運輸局 HP をもとに筆者作成

対馬北部にある比田勝港国際ターミナル内の様子

二〇一一年から一五年の四年間でおよそ一・八倍に増加したが、これは主に韓国人観光客の増加によるものと考えられる。交通や旅客のインフラ整備、ホテルや飲食店などの「おもてなし」の向上など課題を抱えてはいるものの、状況は徐々に改善されている。だが、島の将来を韓国人観光客にのみ依存することへの懸念も強い。観光業に携わる関係者はこれを歓迎する一方で、島民の多くは「日本人にもっと来てほしい」と願っている。その理由は主に四つある。

第一に、韓国人観光が一過性の「ブーム」に過ぎないのではないかという不安である。韓国人をターゲットとした各種サービス業への投資に二の足を踏む島民も少なくない。第二に、二〇一四年の大型旅客船セウォル号転覆事故に象徴されるような、海外での不測の事態による韓国人観光客の突然の停滞に対する懸念である。実際の対馬への影響は小さかったが、二〇一五年に韓国でＭＥＲＳ（中東呼吸器症候群）が流行したときも島は不安の念でこれを受け止めた。第三に、韓国人に対する国境地域特有の感情とメンタルなボーダー（心理的境界）の存在がある。かつて対馬に多かった在日コリアンの存在、その密航、密漁の経験から、一般的な心証は決して良いとは言えない。さらに一時期、韓国人観光客が店舗や飲食店、宿泊施設等で引き起こしてきたトラブルが完全に拭い去られていないこともある。近年はその積極的な受け入れや交流によって心理的な「壁」は低下しているが、逆に互いの文化的差異にも敏感となり、「壁」をむしろ高めてしまう局面も生まれている。第四に、二〇一二年と一四年の韓国人窃盗団による島内の仏像窃盗事件がある。対岸との文化交流に尽力してきた対馬市民からも「裏切られた」という声が沸き起こった。

このように国境の島・対馬は、韓国人観光客の増加に伴う地元経済への好影響と国際交流の最前線であることへの自負を抱えつつ、これに伴う文化的軋轢に直面している。いわば、韓国に対する「包摂」と「排除」の社会的ジレンマを日々抱えているのである。

日本人をターゲットとした観光づくり

このようなジレンマの原因は果たして韓国人観光客の急増そのものにあるのだろうか。確かに他の国や異なる文化の前線に位置する国境地域の特性になじみのない、多くの読者にとっては一見、そのように見えるかもしれない。一時、メディアで流布されていた「島が韓国人に乗っ取られる」といった言説はその代表的なものである。特に人口が少なく、それがなければ静かな暮らしの日常に置かれたであろう島にとって、大挙して訪れる韓国人の存在は大きくクローズアップされやすい。そして国境の島としてのアイデンティティを再確認し、韓国人を受け入れることの意味を不断に問い直すことが島民に求められていることは間違いない。

しかし、現在の対馬における問題はむしろ、島内人口の減少と日本人観光客の少なさに起因する「日本のプレゼンスの弱さ」にあると筆者は考える。バランスを欠いた韓国人観光客急増の悪影響を補正するには、移住促進等の人口減少対策に加え、日本人観光客のより一層の誘致努力が火急であろう。

とはいえ、これまで観光地としてそれほどクローズアップされてこなかった対馬を主たる目的地として日本人の観光客を誘致することは容易なことではない。朝鮮半島との歴史的関わりを偲ばせる史跡めぐりやトレッキングなどの自然体験を中心として、主に年配者をターゲットにした、いささかマニアックな観光のみが対馬では行われてきた。地元を含め、いろいろな試みがなされてきたのは事実である。

そこで、対馬に日本人観光客を呼び込む方法の一つとして考案されたのが、対馬と釜山の両方を訪れるボーダーツーリズムのプランであった。行程の順序は問わないが、国境を越える非日常体験を織り交ぜながら、国境を挟む対馬と釜山で垣間見る共通性と差異を学ぶ旅がそれである。もちろん、個人でこうした行程をたどる日本人観光客もいた。だが旅行代理店が扱う一般的なツアー商品としてこれが実現することは今までなかった。国境の島・対馬は「行き止まり」であり、旅の終点となるという考え方は、日本の観光業界や地元行政、そして市民の中においても根強かった。

実際に、対馬と釜山の間には国境線が明確に引かれ、かつ日韓の管轄権に関する法的問題が存在しないため、日本にとっては「行き止まり」のように見える。だが、だからこそ、この国境地域は隣国との関係で最も安定しており、定期航路が活発化するなど隣国にとってみれば、最も近く訪問しやすい外国となり、観光で賑わう場所となった。しかも、ビザが免除されパスポートさえあれば、日韓両国民は自由な双方向の往来が可能である。国境を越えて対馬から釜山に渡る（あるいはその逆）ツアーこそ、日本で最も開発しやすいボーダーツーリズムであった。にもかかわらず、このような取り組みがなかったのは、国境を「行き止まり」とみなす認識、国境を越えるかたちで対馬と釜山を一度に旅行するニーズなどないといった思い込み、北方領土や竹島、尖閣などの紛争から生まれる国境への暗いイメージなどが背景にあったと思われる。

「行き止まり」「ダーク」といったイメージを転換し、国境そのものを旅行の目的やコンテンツとすることを通じ、地域の資源とできないか。このような問題意識のもと、私たちのチームはNPO法人国境地域研究センター（JCBS）、境界地域研究ネットワークJAPAN（JIBSN）などと連携して、二〇一三年一二月に福岡発、対馬経由、釜山行きの一泊二日モニターツアーを企画し、大手旅行会社を通じて商品化した。この第一回目ツアーの詳細は別稿に譲り（岩下・花松編著『国境の島・対馬の観光を創る』第三章を参照のこと）、本章では、筆者自身が担当した第二回目、第三回目のツアーの分析を通して、対馬と釜山をつなぐボーダーツーリズムの可能性を検討したい。

国境地域の旅のかたち——モニターツアーの造成

二〇一三年一二月に実施された第一回モニターツアーは、大手旅行会社が手掛ける対馬・釜山間のボーダーツアーとしてはおそらく初めての実証実験であった。福岡—対馬—釜山—福岡の行程を一泊二日の駆け足で回る、二万二五〇〇円の格安ツアーである。単純往復ではなくワンウェイのツアーとしては格安ではあるが、福岡—釜山往復の一泊二日が一万五千円程度、福岡—対馬往復の一泊二日が一万四千円程度で販売されていることを考えれば、旅行商品としては格安とは言えない。

その際の参加者のアンケートの結果を一言でまとめれば、国内と海外を組み合わせた旅行への期待と満足度は高く、リピーターも見込める団体旅行商品となる可能性が明らかとなった。他方で、対馬に泊まらない日程だったこともあり、もう少しゆったりと対馬にいたかったという意見が多数を占め、島内での昼食や土産物屋の不備、「パワースポット、グルメ、ショッピング」というツアーのテーマへの無関心ぶりなども明らかとなった。

二回目はこれらを踏まえ、以下の四点に注意しながら企画づくりを行った。第一に、高めの年齢層を対象に、国境をじっくり感じてもらうこと。前企画では福岡・釜山間の旅行で多数を占める若い女性とその母親世代を意識していたが、実際の参加者は多様であった。今回は旧来の対馬観光で最も多いと言われる年配の女性をターゲットとし、これまでとは違う国境に関わるコンテンツを提供することとした。

第二に、日程に余裕を持たせ、価格の安さを追求しないという点である。低価格は一般消費者への訴求力を高めるが、他方で企画側の趣旨になじまない客層となる可能性も持つ。結果として、多様なニーズを満足させるコンテンツを提供することが困難になりやすい。今回対象とする年配の女性層は、時間も金銭も余裕のある場合が多いと判断した。

第三に、明確なテーマを掲げず、代わりに体験型プログラムを織り交ぜること。前回の「パワースポット」「女子力」が評価を得られなかったことに鑑み、ツシマヤマネコや対馬の歴史などこれまでに好評なコンテンツをもとに「じっくり、対馬・釜山の国境地域を感じてもらう」よう努めた。この場合、一般メニューをどのように「国境」に結び付けて魅せることができるかがカギとなると考えた。そこで、中世対馬の国境アイテムであった真珠を用いたアクセサリーづくり体験プログラムを取り入れた(後述)。

第四に、現地の人々との触れ合いの場をつくること。国境地域に生きる想いや暮らしの実態を実感してもらえるよう意識した。真珠アクセサリーづくり体験は地元の方との交流になる。また夕食会や現地の説明も地元の関係者に依頼することにした。これには地元の方に持続可能な観光産業の担い手になってもらうことを促す狙いもあった。

以上の点を勘案しながら、二泊三日、六万円のパッケージツアーをつくり、近畿日本ツーリスト九州による催行として募集を開始した。

万松院でガイドから宗家墓標の説明を受ける

ツアーはまず、福岡から空路で対馬入りし、対馬藩主宗家の菩提寺たる万松院、朝鮮半島との交流と断絶の歴史を学ぶ歴史民俗資料館、日本最古の朝鮮式山城が築かれ、中世倭寇の基地ともなり、近代では欧米列強に対する国防最前線となった浅茅湾《あそう》でのクルージング、古事記にも登場する和多都美神社をめぐった。一見、対馬の一般的な観光スポットめぐりだが、歴史と文化に詳しい現地ガイドの名解説が、国防と交流の最前線に立つ国境の島の歴史を参加者に強く印象付けた。その後、古代から中世にかけ銀

国境地域研究センター 企画　日本の国境観光を拓く！　団体企画

対馬から釜山へ！国境観光モニター・ツアー

国境地域研究センターは、九州大学および北海道大学と共同で、世界の国境地域で近年注目されている「国境観光（ボーダー・ツーリズム）」の研究を行っています。今回、日本で最初の「国境観光」モデル作りを目的として、福岡から対馬を通って釜山に渡る「国境観光モニター・ツアー」を実施いたします。国内旅行と海外旅行を組み合わせた新たな旅行形態としての「国境観光」を体験してもらうとともに、国境を挟んだ対馬・釜山の歴史と文化、自然の魅力を感じていただきたいと思います。

旅行期日　：平成27年3月14日(土)~3月16日(月)

集合・解散　：集合：福岡空港国内線第１ターミナル　解散：博多港国際ターミナル

募集人数　：30名様（最少催行人員 18 名様）

旅行代金　：60,000円（個人的な経費を除く、全て）　※一人部屋利用の場合は 4,000 円追加

	月日	発着地／滞在地	時間	交通機関名	スケジュール	食事
①	3月14日 (土)	福岡空港　発 対馬空港　着 対馬－比田勝　着	07：50 08：25 夕方	ANA-4931 便 専用バス	集合の後、空路、対馬やまねこ空港へ 到着後、浅茅湾クルーズの後、厳原で万松院、歴史民俗資料館を見学。「肴やえん」で昼食後、万関橋を渡って上対馬へ。和多都美神社を参詣、烏帽子岳展望台を散策後、比田勝で「対馬パール」のアクセサリー作りを体験。懇親夕食会 <比田勝泊>	昼-レストラン 夕-レストラン
②	3月15日 (日)	対馬－比田勝 発 釜　山　着	午前 13：00 14：10	専用バス ビートル549 便 専用バス	殿崎の日露戦記念碑と韓国展望台を見学後、佐須奈にある野生生物保護センターを見学、「ももたろう」で昼食の後、比田勝港へ 出国手続きを経て、高速船で釜山へ 到着、入国手続きの後、ホテルへ 夕食まで自由行動　<釜山市内泊>	朝-ホテル 昼-レストラン 夕-レストラン
③	3月16日 (月)	釜　山 発 博　多　港　着	午前 15：30 18：25	専用バス ビートル258 便	草梁倭館跡の龍頭山公園と南浦洞を見学。時間があれば釜山近代歴史館と国際市場へ 出国手続きの後、高速船で博多港へ 到着、帰国手続きの後、無事解散	朝-ホテル 昼-レストラン

※　天候等の都合により、企画内容が変更になる場合があります

<宿泊予定先>　対馬（比田勝）―― 花海荘または梅屋ホテル、釜山 ―― 東横INN中央洞

企画：NPO 法人　国境地域研究センター

企画共催：境界地域研究ネットワーク JAPAN

旅行実施：㈱近畿日本ツーリスト九州　福岡支店

協力：ANA、JR 九州高速船、北海道大学スラブ・ユーラシア研究センター境界研究ユニット（UBRJ）、九州大学アジア太平洋未来研究センター（CAFS）、九州大学持続可能な社会のための決断科学センター

第２回モニターツアーパンフレット

とともに交易品として重宝された対馬産真珠を使った、地元の婦人会によるアクセサリーづくり体験、居酒屋の店主らも交えた懇親会を行った。

　二日目は、対馬最北部の殿崎にある日露の慰霊碑への訪問から始めた。日露戦争末期の一九〇五年、対馬沖海戦（日本海海戦）で日本軍に駆逐されたバルチック艦隊から漂流したロシア兵一四三名が上陸し、島民から介抱を受けた地である。参加者は現地住民から説明を受け、献花を行った。その後、四九・五キロ先の釜山を望める韓国展望所を訪問し、野生生物保護センターでツシマヤマネコと対面した後、比田勝港を出港して釜山へ向かった。

殿崎にある日露の慰霊碑にて献花する参加者

　釜山では、二〇一一年に新しく開館した朝鮮通信使歴史館を訪れた。豊臣秀吉の朝鮮出兵により国交が断絶した日朝関係を修復すべく、江戸幕府と朝鮮王朝との間で取り交わされる国書を改ざんしてまで国交回復を主導したのが対馬藩であった。その後約二〇〇年間、一二回にわたり対馬藩の案内のもとに朝鮮通信使が往来することとなり、日本が朝鮮半島との平和を維持するきっかけをつくった。対馬の人々にとって朝鮮通信使は国境地域を生きるアイデンティティとなり、日韓の友好関係のシンボルとして好意的に評価されることが多い。参加者たちは対馬の万松院や歴史民俗資料館でもこれを学んだ。

対照的に、釜山の朝鮮通信使歴史館の展示は異なる印象を参加者に与えた。韓国側から見れば、当時の朝鮮半島の「先進文化」を（遅れた）日本に紹介・普及させるイベントであったと強調され、展示の中での対馬藩の扱い方が小さい。参加者は、同じ歴史的イベントに対し両岸でいかにとらえ方が異なるのかを目の当たりにし驚きを隠さなかった。

最終日は、国際市場やチャガルチ市場などに加え、釜山タワーが立つ龍頭山公園を訪れた。公園はかつて、朝鮮通信使の往来によって交易が活発となった時期、草梁倭館（日本人居留地）があった場所である。当時、対馬藩が江戸幕府と朝鮮との外交、通商の窓口業務をここで担っていた。沿道には草梁倭館跡を示す記念碑も建てられていた。その後、市内の免税品店を回った後、釜山港から約三時間の船旅で博多港に戻る行程であった。

釜山にある朝鮮通信使歴史館の展示を見る参加者

アンケートから見る参加者の声

アンケートの結果を見てみたい。参加者は男性一九名、女性八名の計二七名、夫婦参加は四組で、ターゲットとした年配女性層は全体の三分の一に過ぎなかった。平均年齢は六四歳、およそ三分の二以上の方が六〇歳以上、最高齢は八二歳であった。居住地は約半数が福岡県内、その他は熊本、山口、岩手、札幌などであった。六割強が対馬初訪問、四割弱が釜山初訪問。釜山渡航歴一〇回以上の方が三名、対馬と釜山の両方へ一回以上訪問した方が六名であった。

参加の決め手は「対馬経由釜山行きの珍しい行程である」(以下複数回答で二二名)、「国境観光という言葉に興味を持った」(二〇名)、「国内旅行と海外旅行を同時に楽しめる」(一八名)など、多くの参加者が対馬と釜山を同時に訪れるボーダーツーリズムへ関心を持っていた。

旅行後の感想として、対馬、釜山の両地域での観光に多くの参加者が「満足した」と回答し、特に対馬については七割以上に上った。前回同様、バスガイドによる対馬の自然や歴史に関する説明が高い評価を得た。教科書に記載がなく見聞きする機会が乏しい国境地域の歴史や文化、暮らしを正確に理解するためには、やはり現地ガイドのクオリティに依存する面が大きい。その他、浅茅湾クルーズ、対馬真珠アクセサリーづくりも好評を得ており、身体性を伴う体験型プログラムの導入によって、より国境地域への関心や理解が生まれるとみてよい。

釜山観光では、朝鮮通信使歴史館や草梁倭館跡など、「釜山と対馬の歴史的つながり」を感じることができた部分が好評であった。他方で、博物館や歴史館への訪問時間が短かったこと、現地ガイドによる執拗な免税品店への勧誘などが不評であった。

再訪意向については、対馬に「ぜひまた来たい」が六五%となり、前回の四五%を大きく上回った。「また来る機会があってもよい」と答えた三五%を合わせると、参加者全員が再訪の意向を示したことになる。「もう来なくてもよい」という方は皆無となった。

対馬・釜山の両地域への再訪意向については、七五%の参加者が「また対馬と釜山をあわせて訪れたい」との意向を示し、前回の五六%を大幅に上回った。さらに、対馬・釜山の両方を別々の機会に訪問した経験がある六名のうち五名が、「また対馬と釜山をあわせて訪れたい」と答えていることは重要であろう。つまり、対馬・釜山のどちらかへの単純往復とは異なる魅力がこのツアーにはあり、旅行商品としてのニーズがあることがこの結果からわかる。

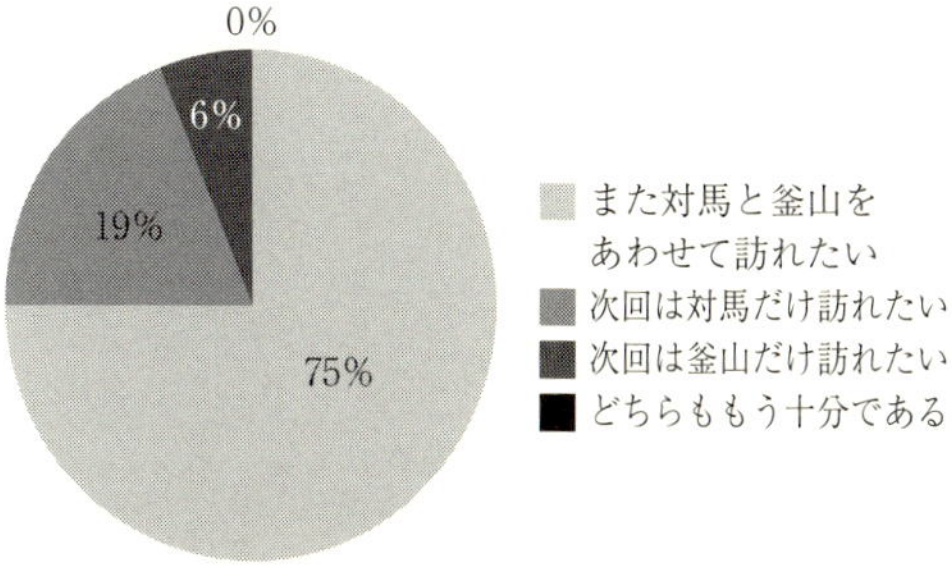

アンケートにみる対馬・釜山の両地域への再訪意向

最後に、二泊三日の日数については六二%の参加者が「ちょうどよかった」と答え、残りの三八%が「もう少し滞在日数が欲しかった」と回答。二泊三日の正規ツアーとしての価格の妥当性を尋ねたところ、六―七万円と回答した参加者が最も多く、七万円以上と答えた方が七名もおり、参加者の大半が今回の価格設定に不満を感じていないこともわかった。参加満足度に依存する部分も大きいであろうが、個人旅行ではなかなか経験できない行程であることも関係しよう。

参加者からのご意見

・韓国と日本(九州)の近さを改めて実感した
・国と国の間に「境」があるということはわかっていたが，この旅行で再確認できた
・ガイドさんや居酒屋のマスターなど，国境の島で生きる地元住民との接点を持つことが出来，国境の島に生きる想いを知ることができ，よかった
・今までの対馬の印象がまったく変わった
・朝鮮通信使について対馬側と釜山側で，まったく違う見方をされているのがとても印象的で興味深かった
・国境という観点が欠落していた点に気づかされた
・国内旅行と海外旅行と組み合わせるというのはユニーク

参加者からの主なコメント(抜粋)

以上で明らかになったことは、以下の五点である。

第一に、前回同様に、対馬と釜山を同時に訪れるツアーのニーズが日本にも確実に存在するということである。第二に、リピーターを見込める旅行商品となる可能性がある点。今回の参加者の中には対馬、釜山の訪問歴を持つ方が多数いたが、そのほとんどが両方をセットで訪問したいと答えた。国内と海外旅行を同時に行うボーダーツーリズムには、どちらかに特化した従来型の観光とは、異なるニーズがあることが読み取れる。

第三に、体験型プログラムを織り交ぜ、地元住民と触れ合いながら、国境の実態や地域での暮らしを「感じる」経験を提供することが、全体の満足度を押し上げたと言える。アンケートにおける参加者からのコメントから、国境や地域を単に「見る」だけでなく、体験、触れ合いなどを通して「感じる」「学ぶ」ことが重要な要素となること、またこれまで多くの日本人が実感を持つことができなかった国境や国境地域に対する「気づき」を提供することがわかる。

第四に、年配を中心とした客層には、二泊三日以上の日数が望ましく、低価格の要素は訴求力を持たないと整理できる。「感じる」「学ぶ」「気づく」ことに対価と時間を費やすニーズがあり、ディープな国境体験を軸とした旅行商品の開発を検討する余地があるように思う。第五に、なぜ参加者が再度対馬と釜山をあわせて旅行したいと感じたかという問いが重要であろう。今回のケースでの鍵は、朝鮮通信使にあったと整理できる。参加者からのコメントの中に以下のようなものがあった。「朝鮮通信使を韓国の人たちがどうとらえてどう伝えようとしているのか感じられて興味深かった」「対馬側と釜山側で朝鮮通信使という同じ歴史を語るにも、まったく違う見方をされているのがとても印象的だった」「対馬の歴史を理解して釜山に渡るのはとても良かった」。これらのコメントはいずれも、朝鮮通信使に対する対馬側と釜山側とのとらえ方の「違い」に力点が置かれている。この「違い」「差異」は、対馬と釜山をあわせて訪れて初めて実感することができる。近年では二〇一六年に日韓の民間団体が朝鮮通信使関連資料をユネスコ世界記憶遺産へ共同申請したが、この「違い」は決して消え去ったわけではない。そして、このような「違い」「差異」への意識を生み出す典型的な装置こそが国境越えであり、国境を実際に渡り、国境を挟んだ両地域を同時に訪れ比較することによって気づきと学びが可能となる。これは、他地域でのボーダーツーリズムにも応用可能な視点である。

新たなかたちを模索して——第三回ツアーの失敗

三回目のツアーでは、前二回と異なるツーリズムのかたちに挑戦しようとした。日本人観光客が来島するための多様なメニューを開発することが望ましいと考え、島内の様々な関係者にヒアリング調査を行った。そこで出たアイデアの一つが、対馬の自然を都会の子供たちに体験させながら、一般の日本人にはなじみのない国境を親子でじかに越えてもらうというものであった。

この試みには、対馬島内でボーダーツーリズムをプロデュースするＤＭＯが育ってほしいという願いも伴っていた。ＤＭＯとは、Destination Management/Marketing Organization の略称で、欧米で普及している観光マネージメントの組織体である。日本では、「様々な地域資源を組み合わせた観光地の一体的なブランドづくり、ウェブ・ＳＮＳ等を活用した情報発信・プロモーション、効果的なマーケティング、戦略策定等について、地域が主体となって行う観光地域づくりの推進主体」と定義づけられている。地域の観光を総合的にマネージメントする組織で、昨今の地方創生に関する取り組みの中で多くの地域で同様の取り組みが始まっている。

これまでのツアーでは、大学研究者やＮＰＯ、旅行代理店が「ヨソモノ」として企画販売し、催行してきた。今後も引き続き「ヨソモノ」が国境地域を対象とした商品の企画販売を担い続けていいのだろうかという思いがあった。国境を地域資源として活用し、国境地域の面白さを十分に理解する現地ＤＭＯがこれを企画、実施することで地域経済の自立を促す方策も必要ではないかと。

このような問題意識に立ち、対馬島内で着地型観光のツアー商品開発に着手する一般社団法人Ｍ

ＩＴと共同で新たなモニターツアー企画を行った。同組織は「対馬グリーン・ブルーツーリズム協会」の事務局を兼ねており、対馬の自然生活体験や民泊交流などを掲げている。将来的にはこのような地元組織がボーダーツーリズムのＤＭＯとして発展することを期待しつつ、同組織との共同企画、近畿日本ツーリスト九州の催行というかたちで、二〇一六年八月実施を目指し募集を開始した。

今回のモニターツアーは、小学校低学年までの児童とその親の組み合わせをターゲットとし、「国境の島であるがゆえに手つかずのまま残された自然を満喫しながら、人生初の海外旅行を対馬・釜山の国境観光で体験し、釜山では異国の文化に触れる」というテーマを設定した。一見、国境とは無縁の企画だが、要所で国境を感じる要素を取り入れた。

第二回ツアーでクルージングを行った浅茅湾ではシーカヤックを楽しみながら、現地ガイドから同湾を舞台とした国防の歴史を学ぶ。魚釣り体験や海水浴、ツシマヤマネコとの対面など、都会では経験できない夏遊びの要素をちりばめる一方で、前回ツアーで好評を得た真珠アクセサリーづくり体験なども取り入れ、日露の慰霊碑訪問とともに国境の歴史を学ぶこともできる。釜山では、釜山タワーや龍頭山公園、国際市場とチャガルチ市場といった名所訪問に加え、国立海洋博物館で朝鮮通信使展示を見学することで対馬と朝鮮半島との交流の歴史を学ぶ。また、韓国文化を楽しめる甘川文化村でのアート体験を織り交ぜるなど、遊び盛りの子供にとって盛りだくさんの内容となった。

三泊四日、価格は七万八千円と高めであるが、行程と日数を考えるとむしろ安価な価格設定であ

２０１６

国境観光ツアー第３弾！

国境の島、対馬の生活体験
韓国、釜山をめぐる4日間

BORDER TOURISM

◆ 旅行期間：2016年8月2日（火）～8月5日（金）　＜4日間＞
◆ 募集人員：20名様　　（最少催行人員：15名）
◆ 募集締切：2016年7月14日(木)　（但し、定員になり次第、締切ります）
◆ 旅行代金：〈福岡空港発・博多港着、お一人当たり〉　７８，０００円
◆ 添乗員は同行しませんが、現地係員がお世話致します。

＜企画者からのご挨拶＞
新しい旅のスタイルとして近年注目されている「国境観光（ボーダー・ツーリズム）」を、対馬と釜山で体験してみませんか？国境の島・対馬の豊かな自然と文化を満喫しながら、高速船で国境を直接越え、わずか50km先の釜山で独特の歴史や文化を体験します。初めての海外旅行が「国境観光」になれば、お子さんの夏休みの思い出づくりにもぴったりです。国内旅行と海外旅行を同時に楽しめる新たな旅をぜひこの機会に体験してみてください。

＜浅茅湾シーカヤック・イメージ＞

＜三宇田浜海岸・イメージ＞

＜釜山国際市場・イメージ＞

イベント企画：特定非営利活動法人 国境地域研究センター、対馬グリーン・ブルーツーリズム協会
協　力：長崎県対馬市、境界地域研究ネットワークＪＡＰＡＮ（ＪＩＢＳＮ）、九州大学アジア太平洋未来研究センター、北海道大学スラブ・ユーラシア研究センター、九州大学持続可能な社会のための決断科学センター

旅行企画・実施：近畿日本ツーリスト 株式会社近畿日本ツーリスト九州 福岡支店
事業企画：特定非営利活動法人 国境地域研究センター Japan Center for Borderlands Studies

第３回モニターツアーパンフレット

る。実は本企画前年の二〇一五年八月にも同様のツアー実施を計画したが、韓国国内でのＭＥＲＳ（中東呼吸器症候群）の大流行により募集中止を余儀なくされた。その際の価格は八万八千円であり、それよりも価格を抑える努力を行った。

結論を言えば、地元紙での新聞広告掲載など広報活動を行ったにもかかわらず、本企画は応募者ゼロで中止という結果に終わった。なぜ本企画が失敗に終わったのかを考えてみたい。

第一に、旅程のアレンジに時間を要した結果、募集開始が実施一カ月前と遅れ、十分な申込期間を確保できなかったこと。通常、子供の夏休みの旅行計画は数カ月前に計画されると言われている。今回は家庭内で吟味されるタイミングに募集開始することができず、これが申し込みを得られなかった理由の一つと考えられる。

第二に、七万八千円という価格設定。親子参加では二名分の一五万六千円へ跳ね上がる。ボーダーツーリズムに興味を持ち、通常では経験できない旅を親子で試したいと考える親がいたとしても、小さな子供を育てながらこの金額を支払う余裕を持つ家庭がどれだけ存在するか、考える必要があった。しかも、もしその余裕があれば、海外の有名観光地を選ぶのではなかろうか。

第三に、ツアー内容が子供や親世代のニーズに合うかどうかの反省である。辺境ならではの自然体験と国境の歴史学習、都市的な文化体験は実は目的が異なるものと言える。さらに国境にまつわる歴史を対馬と釜山の両地域で学ぶにしても、小学校低学年の子供が果たして興味を持つのか、理解できるかも疑わしい。好評を得た両国境地域の「差異」も子供には難しい。そうであれば、対馬と釜山を合わせて訪れる意義もなくなる。「子供の人生初の海外旅行を国境観光で」というコンセプトも響くまい。

にもかかわらず、何らかの手掛かりを見出せるとすれば、国境を越えず、対馬のみで完結する親子対象のツアーの可能性である。対馬での夏休み自然体験は、行政による補助をもとに安価なツアー企画がすでに行われており、一定の人気を得ている。国境の島・対馬が持つ独特の自然は九州や本土のどの地域とも異なり、その自然体験を中心とした親子ツアーは受け入れられるかもしれない。そこに、国境について学ぶ要素を加味し、ボーダーツーリズムとして構成すれば、自然体験に特化した企画との差別化も図ることができる。さらに、国境越えツアーよりも安価になるだけでなく、二〇一七年に施行された「国境離島新法」による滞在型観光促進の交付金(特定有人国境離島への旅行における延泊分を補助)も利用できるだろう。第五章で詳しく検討されるように、ボーダーツーリズムは必ずしも国境を越えた旅である必要はない。越境せずとも国境や国境地域について学びや気づきを体感できるならば、国境を越えないボーダーツーリズムを対馬の親子体験に応用できると思われる。

展望と課題

これまでのツアー実証実験の結果を受け、対馬・釜山間のボーダーツーリズムをどのように展開していくべきかについて考察を行い、本章を終えることとしたい。

第一に、客層やターゲットの明確な措定とそれに沿った日数や価格の設定を行うべきであろう。ボーダーツーリズムは、性別を問わず、比較的年配の方に興味を持ってもらうことができると思われる。すでに世界の様々な国々や地域を旅し、飽き足りない関心と十分な時間や資金を持つ年配層には、国境や国境地域への旅が新たな魅力と関心を提供しうる。他方で、親子や若い女性といった層に対しては、国境を越えなくても国境地域の自然や暮らし、歴史的、文化的特色に触れるノン・クロス・ボーダーツーリズム（非越境型国境観光）を開発することも考えられよう。

第二に、ボーダーツーリズムの醍醐味は、「学び」「気づき」にある。第二回のツアーで明らかになったように、観光スポットへの訪問にとどまることなく、体験型観光プログラムや国境地域に住む人々とのコミュニケーション、国境の歴史や現況に関する現地ガイドとの会話の中で、国境や地域を肌で「感じ」、新たな視点や気づきを得ることが満足感につながる。

第三に、国境を挟んだ両国境地域の間に存在する様々な「つながり」や「違い」を実感することである。第二回ツアーで見たように、朝鮮通信使に関する対馬と釜山でのとらえ方の違いに触れること、また対馬訪問後に釜山で「釜山の中の対馬」を感じることなどは、両地域を合わせて見ることで初めて得られる経験である。そうであるならば、ボーダーツーリズムは「つながり」と「違い」を示すコンテンツをいかにうまく組み合わせられるかが今後の鍵となるだろう。例えば、福岡や長崎から対馬に入り釜山へ渡るのではなく、むしろ先に釜山へ入り、そこから対馬に「帰国する」というルートは、非日常体験や低価格の面からも検討に値する。しかもこのルートは、単に日新しさや安価な旅行費用をアピールするだけでなく、対馬と釜山の間に存在する別の「つながり」や「違い」を発見する魅力的な旅になるかもしれない。さらには、対馬・釜山のボーダーツーリズムと韓国DMZ（非武装地帯）の「安保観光」を組み合わせ、韓国・北朝鮮の軍事境界線（北緯三八度線）と対馬・釜山間の国境あるいは国境地域との比較を目的としたツアーも考えることができる。

最後に指摘したいのは、ツーリズムによってこのような「つながり」や「違い」を可視化させるのは国境や境界そのものだという点である。国境があるからこそ提供できる観光コンテンツが国境地域に存在するということであり、このことを国境の島・対馬は強く意識すべきである。冒頭の繰り返しになるが、国境は「行き止まり」というネガティブなイメージを惹起させ、人々を遠ざけてきた。しかし、国境は実は新たな観光コンテンツを生み出す「観光資源」なのである。

ツアーの実証実験はまだ始まったばかりであり、韓国人観光客に沸く対馬の中では日本人をターゲットとした取り組みの意義を十分に周知するには至っていない。他方で、釜山を経由して対馬入りする日本人個人客が散見されることも報告されている。以前と比べ、国境を「行き止まり」とする認識が地域の人々の中でも次第に薄まってきているようにも感じられる。さらに、近年進行している博多―対馬―釜山間の高速船「混乗」の取り組み（国際航路と国内航路の乗客を同一の船に乗せて運航すること）は、対馬を経由して国境を越える日本人の移動を後押しするかもしれない。

韓国人観光客の急増と伸び悩む日本人観光客の誘致の狭間で、国境を観光資源としていかにうまく使いこなしボーダーツーリズムを発展させられるかが、国境の島・対馬の将来を左右する要素の一つとなるであろう。そして、この地域での経験が、日本の他の境界地域にも参照可能な先駆的なモデルとなりうる。国境地域によって隣国との関係や対岸との距離は違っても、国境を越えることによって「つながり」と「違い」を実感できる点は共通するからである。国境に対する認識を転換し、観光資源として活用するボーダーツーリズムの展開は、日本の境界地域全体の発展につながる可能性を秘めているのである。

参考文献

井澗裕編著『稚内・北航路——サハリンへのゲートウェイ』北海道大学出版会、二〇一六年。

岩下明裕・花松泰倫編著『国境の島・対馬の観光を創る』北海道大学出版会、二〇一四年。

花松泰倫「対馬・釜山のボーダーツーリズムの展開——境界地域の資源としての国境」『地理』古今書院、二〇一六年八月号。

永留久恵『盗まれた仏像——対馬と渡来仏の歴史的背景』交隣舎出版企画、二〇一三年。

李良姫・福原裕二「韓国における民族分断と観光」『北東アジア研究』第一七号、二〇〇九年。

宮本雅史『対馬が危ない——対馬を席巻する韓国資本』産経新聞出版、二〇〇九年。

「有人国境離島地域の保全及び特定有人国境離島地域に係る地域社会の維持に関する特別措置法」平成二八年四月二〇日成立、同月二七日公布。

「まち・ひと・しごと創生基本方針　二〇一六」平成二八年六月二日閣議決定。

その他、『長崎新聞』『長崎県観光統計』などを参照。

（追　記）

本論は科学研究費補助金・基盤研究（B）「東アジアにおける国境観光の比較研究――境域社会の変容過程と『隣国関係』への影響評価」（課題番号 17H02491）に基づく研究成果の一部である。

「国境の島」で暮らす

「平成二八年外国人渡航者は年間二五万人」と二か月前報じた。

この数値は、国境に接し隣国が指呼の間にある「国境の島・対馬」が地勢的条件をフルに活かそうと約三〇年前から「交流」を前面に押し出した結果である。しかし、この数値を単純には喜べない「憂慮」すべきことが国境の島には噴出している。

この「憂慮」すべきことに目を向けると、自分自身を見つめなおすこととなる。

外国人も私たちと同様の消費者でありお客のはずだが、島のある店では同等の対応をしていないばかりか「上から目線」「面倒そうな素振り」であると最近耳にするようになった。訪ねてきた彼らはどのような思いで帰国するのか、どのように国境の島を感じたのか等気掛かりである。

改めて考えると、いかなる民族も個々人にも心の奥底でぐつぐつとゆであがり、持て余したパワーを発散するためわずかな間隙を探しさまよい続けているマグマのようなものが存在していることに気づかされる。自分の存在を過大に世間に見せようとして、他人を過小評価し、優れた人を認めたがらない自分がどこかに存在している。

国境線に生きる者は特に必要悪なこの「自己優位性」という悪魔を呼び覚ますこととなり、頭を激しく左右に揺らす自分と遭遇する。教育なのか親からのものかは定かでないが、いつの間にか、他者を見下したまなざしで、自分の「優位性」を印象付けようとする浅ましい心が染み出てきているのかもしれない。この心が行きすぎると結果「自己嫌悪」に陥るというルーチンに嵌る。

外国人の来島者が数年前から増え続けてきたが、呼応して外国人訪問者を受け入れる心の教育を手掛けなかった。否、ないがしろにし、当座の「経済のみ」を追い求めてきたため「眠り」から目覚めた制御不能な「恐竜」が今跋扈し始めているのかもしれない。

ここらで、なにゆえ外国人を受け入れなければならないのか、考え直す必要がある。

国が推し進めるから受け入れる！　少子化の中、地域内消費を喚起するため受け入れる！　隔絶された島国ゆえに交流を促進しなければ生き残っていけないからなど様々な理由はあるだろう。

ここで立ち止まり、価値観の違う他者を受け入れる意味を市民にしっかりと伝え、合意形成を図らねば、軋轢が表面化してからでは遅いことになる。外国人観光客が日本文化を理解してくれることは大変ありがたいことである。しかし国土という概念が希薄なこの日本の国境線周辺においては「交流のみ」では理解してもらえない住民も多く存在している。

そのような中、昨年国境の島を対象とした特別措置法が制定された。国内からも国境が意識できる「非日常」を提供可能な島に多くの方が足を踏み入れ感じてもらいたいが、国内客に国境の島に足を向かわせる施策が打ち出されず島内では落胆の声があがっている。

「観光」は異文化に接する機会をつくることで自らの文化を再認識する作用が働くから続けなければいけない。だからこそ「国境観光の必要性」を受け入れる側の住民としっかりと合意形成をしていないと、国境に接する自治体は二五万人が一気に〇人となる危険性をはらんでいることも常に考える必要がある。

（前対馬市長・財部能成）

ウィンウィンの関係を目指して

対馬では、韓国人観光客を満載したバスが観光地にあふれ、韓国の若者がキャリーバッグを引きながら街中を闊歩する姿が、日常の光景となっています。

私は二〇一一年から昨年までの五年間、韓国からの定期旅客船が発着する上対馬の国際ターミナルで観光関係のお世話をしていました。二〇一一年といえば東日本大震災の年、海外からの観光客が激減した年です。対馬もご多分に漏れず、乗客が集まらないとして韓国からの旅客船がストップ、島から韓国人観光客の姿が消えました。

対馬は、二つの港で韓国とつながっています。島の南部にあり行政や経済の中心地である厳原《いづはら》港と、私が勤務していた島の北部の小さな港、比田勝《ひたかつ》港です。宿泊施設や商業施設は厳原に集まっており、当然、旅行商品も厳原がメインとなっていましたので、私の勤務していた比田勝では震災による大きな影響は受けませんでした。そもそも、比田勝の港は観光客が出国するときに通過するだけで、住民の意識にも「韓国人はゴミばかり落として金は落とさない」といった諦めがありました。

そんな折、ＪＲ九州高速船のビートルが比田勝―釜山航路に参入するとのニュースが伝わりました。日本の大手企業が地元住民に与えた影響力は大きく、住民の気持ちが諦めから期待に変わった瞬間でした。

事実、比田勝港発着の国際定期便が毎日運行するようになり、通過点であった比田勝の街が、観光やショッピングの目的地となりました。最初の頃は一過性のものではないかと半信半疑であった地元の方々も、右肩上がりで増え続ける観光客に重い腰を上げ始め、今では、比田勝の港周辺はバブルの様相を呈しています。大型ホテルの進出や船舶の大型化など、今後も韓国からの観光客は増えることが予想されます。

こうなると、韓国からの観光客がもたらす経済効果は無視できない状況にあり、一部には「自分には邪魔でしかなく迷惑だ！」との意見も根強くありますが、行政に携わる者として様々な意見に耳を傾け、観光客そして地元住民がウィンウィンとなるよう、取り組んでいかなければと感じています。

また、もともとがこのように多くの観光客が訪れる場所ではなかったため、増え続ける観光客にインフラ整備等が追いついていません。しばらくは、いたちごっこが続きそうです。

最後に、このように韓国人観光客が街中を散策するようになって五年が経過しました。最初の頃は、住民との間に目に見えない壁みたいなものがありましたが、最近は違和感なく街に溶け込んでいます。スーパーで買い物していても喋らないとわからないなど、住民が韓国人観光客に慣れ、壁が取り払われたからだと思っています。そういった意味での受け入れ態勢はできていると感じています。ちなみに私の家内は、街で困っている韓国人を見かけると声をかけ、会話（?）を楽しんでいるように見えます。

（対馬市・武末祥人）

五島の男女群島

済州島と五島を結ぶ

五島列島は九州の最西端に位置し、日本の西の玄関口である長崎港からさらに西へ約一〇〇キロ、九州の最果ての海、「五島灘」を隔て、中国大陸へつながる潮路の中に、西南から北東へおよそ八〇キロにわたって、斜走している。

五島列島は、中国に最も近い日本の島として、中国大陸との関係は非常に古く、奈良及び平安時代初期には遣唐使船の日本最後の風待ちの地として、遣唐使制度廃止後も中国商船の博多太宰府への中継地として国際的にも大変重要な島であった。

現在、東京を中心に考えると西の果てにある五島であるが、歴史的には、海外とのゲートウェイとして、経済的にも文化的にも時代の先端を担ってきており、その優位性を復活させ、島の振興につなげていきたい。

一番近い外国は、韓国の済州島で約二〇〇キロだ。五島―福岡間の距離である。近くて遠い島である。現在、済州島と五島間の航路、航空路は存在しない。五島―済州島のボーダーツーリズムは、新たな交流人口の増加策として、ぜひ検討してみる必要がある。世界ジオパークに認定されている済州島、昔から海民の交流があった済州島との交流は、非常に有望な取り組みではないかと思う。ボーダーツーリズムの実践として、稚内—サハリン、八重山—台湾、福岡—対馬—釜山、新潟—中露国境などのツアーが行われてきた。ぜひ、五島—済州島を舞台にしたボーダーツアーを実施したいと思っており、その足掛かりとして、すでに五島市では、済州大学校との交流を始めているところである。

境界(国境)地域は、今までは、到達点(最終到着地)であったが、ボーダーツーリズムでは、始発地になれるということが目新しい。

また、ボーダーツーリズムの成果として、お互いの地域の文化の違い、歴史観の違いを感じることができる。国と国が難しい状況になったとしても民間ベースで交流することが大変重要である。それこそが、ボーダーツーリズムの意味するところだろうと思う。

近い将来、福岡—五島—済州島—釜山—福岡の周遊ルートができ、いろいろな国の人々が交流する島として賑わいを見せる五島を夢見て、一つ一つ進めていきたい。

(五島市・久保実)

第二章　サハリン・稚内からオホーツクを結ぶ

高田喜博

北海道におけるボーダーツーリズム

対馬と釜山のボーダーツーリズムに続き、北海道、稚内とサハリンのボーダーツーリズムが、NPO法人国境地域研究センター（JCBS）や境界地域研究ネットワークJAPAN（JIBSN）などによって企画され、その後、わずか一年ほどの間に以下の四つのボーダーツーリズムが北海道において実施された。

（一）「サハリン国境観光モニターツアー五日間」（二〇一五年六月一五―一九日）
（二）「サハリン国境紀行――北緯五〇度線へ」（二〇一五年九月一〇―一五日）
（三）「道東ボーダーツーリズム――オホーツクゲートウェイ」（二〇一五年一〇月二一―五日）
（四）「サハリン北緯五〇度紀行――サハリン五日間の旅」（二〇一六年八月二七―三一日）

本章は、これらの概要を紹介するとともに、北海道と隣接するサハリンとのボーダーツーリズムについて、その可能性と課題を考えるものである。

ところで、日本ではあまり聞き慣れなかった、ボーダーツーリズムあるいは国境観光が注目を集めるようになったのは、前述したJCBSやJIBSNなどが中心となって行ってきた取り組みの成果であり、はしがきで述べられたように、最近は新聞やテレビなどでもたびたび取り上げられるまでになった。しかし、この取り組みの日本における歴史は浅く、その定義や内容は未だ確定していない。例えば、筆者はボーダーツーリズムを「多様な観光の魅力を提供するボーダーを地域資源として活用し、ボーダー地域にしかない魅力を実感し、学び、楽しむ旅である」と考えるが、他にも「ボーダーツーリズムは、国境に接した境界地域を〝砦〟ではなく〝交流拠点〟と考え、境界地域ならではの体験を楽しもうという旅行スタイルであり、境界地域であるということを観光魅力の一つと捉え、境界地域を『見る』『渡る』『比較する』ことで新たな魅力を生み出し、観光客の増加へと結び付けることで境界地域の地域振興を図ることを目的とする」という定義もある。

いずれも、ボーダーを越えるという行為が重要なのではなく、ボーダーないしボーダー地域の資源や魅力に着目し、その活用を考えるものである。特に、後者の定義の中の「境界地域の地域振興を図ることを目的とする」という観点から、北海道で取り組まれているボーダーツーリズムには、以下に示すような「観光による地域の活性化」と「観光を契機とする経済交流の促進」という二つの目的が存在する。

地域の活性化を目指して

まず、「観光による地域の活性化」について、その背景を確認しておこう。一般に、観光による経済波及効果は、サービス業、運輸業、小売業、農業、水産業など、幅広い分野に及び、地産地消と結び付くと地場産業を活性化させ、地域の雇用(就業機会)や税収を高める。また、人口が減少し高齢化する地域においては、観光による交流人口の増加が地域を活性化させると考えられている。観光による訪問を契機にしてリピーターとなり、それが二地域居住や季節移住へ、さらに定住へと発展することも考えられる。また、他地域、特に外国から観光客を受け入れることにより、地域の伝統文化と異文化との交流が促進され、地域の文化や歴史の見直しがなされ、新しい地域文化が創造される契機となるだろう。

観光には、このような様々な効果が期待でき、政府も「観光立国」を目指していることから、少子高齢化、人口流出などによって地域経済が停滞する多くの自治体が、積極的に観光振興に取り組んでいる。しかし、これは同時に観光の地域間競争が激しくなっていることを意味する。それにもかかわらず、観光に取り組む自治体の多くは、既存の観光や他のモノマネ(ゆるキャラやB級グルメなど)から脱却することができず、また、地域の魅力を発掘できずに苦戦している。

このような状況にあって、ボーダーツーリズムは、この地域にしかない〝ボーダー(境界)〟を地域資源として活用し、これを他の資源と結び付けることによって、他の地域が真似できない競争力のある旅行商品をつくりだす取り組みである。

平成27年度　稚内市　観光入込客数調査

	年度	総数	道外客	道内客	日帰り客	宿泊客
観光入込客数（人）	平成26年度	482,500	348,800	133,700	178,900	303,600
	平成27年度	504,200	381,300	122,900	203,400	300,800
増減（人）		21,700	32,500	−10,800	24,500	−2,800
増減比率（%）		4.5%	9.3%	−8.1%	13.7%	−0.9%

稚内市の二〇一五年度の観光入込客数は、総数で五〇万四二〇〇人（前年より二万一七〇〇人増で＋四・五％）で、内訳は、道内客が一二万二九〇〇人（同一万八〇〇人減で－八・一％）、道外客が三八万一三〇〇人（同三万二五〇〇人増で＋九・三％）となった。また、日帰り・宿泊客別では、日帰り客が二〇万三四〇〇人（同二万四五〇〇人増で＋一三・七％）、宿泊客が三〇万八〇〇人（同二八〇〇人減で－〇・九％）であった。九月のシルバーウィーク（大型連休）やフジドリームエアラインズ（ＦＤＡ）のチャーター便の増便により、総数及び道外客が増加しているものの、日帰り客が増加して宿泊客が減少しており、宿泊客数の増加が課題となっている。稚内市としても、周遊を促進してリピーターを増やし、新しい魅力ある観光コンテンツの開発を図って新たな客層を確保しようとしている。そうした政策との関係で言えば、ボーダーツーリズムは、歴史的に稚内がサハリンとの〝交流拠点〟であり〝ボーダー（境界）〟であるという新しい魅力を提示し、その過去（歴史）、現在、未来を学び考える旅を提案するものであり、新たな客層の確保やリピーターの増大に寄与しようとするものである。

　また、稚内市の二〇一五年度の訪日外国人宿泊人数を見ると、宿泊人数九三〇五人（前年より五九四人増で＋六・八％）、宿泊延べ人数一万二三二三人

平成27年度　稚内市　訪日外国人宿泊人数調べ

		総数		アジア		ロシア	
		宿泊人数	宿泊延人数	宿泊人数	宿泊延人数	宿泊人数	宿泊延人数
宿泊人数	平成26年度	8,711	11,675	6,278	7,930	986	1,907
	平成27年度	9,305	12,323	6,453	8,105	809	1,540
増減		594	648	175	175	−177	−367
増減比率		6.8%	5.6%	2.8%	2.2%	−18.0%	−19.2%

(前年より六四八人増で+五・六%)で、国別ではアジア圏が約七割を占めている。これに対してロシア人の宿泊人数は八〇九人(前年より一七七人減で−一八・〇%)、宿泊延べ人数は一五四〇人(同三六七人減で−一九・二%)であった。ロシアに隣接し、稚内・コルサコフ航路を有する稚内としては、ロシア人観光客の増加は重要な課題となっている。その意味で、北海道におけるボーダーツーリズムの取り組みは、稚内からサハリンへ渡る日本からの人の流れから開始されたが、将来的にはその反対のサハリンから稚内、北海道への人の流れも増大させたいと考えている。すなわち、ボーダーツーリズムを含む観光による双方向の交流人口を増加させることを目的としている。

ところで、観光の地域間競争が激化する中で、この競争に打ち勝つためには、基礎インフラの整備、マーケティング、ブランド化(ブランディング)、情報発信力の強化などが必要となる。しかし、ほとんどの自治体は財政的な余裕はなく、地方経済も疲弊していることから、個々の自治体が対応するのではどうしても限界がある。これに対してボーダーツーリズムは、前述したようにＪＩＢＳＮのような研究者や専門家、地方の企業や行政、旅行会社などの幅広いネットワークによって支えられている。そうしたネットワークを活用して、連携によってお互いに協力・補完しあい、競争力のあるボーダーツーリズムを実施したいと考えている。すなわち、こうしたネットワークを活用することで相互の連携を深め、「ボーダー」「辺境」などのイメージを共有し、また、共同でマーケティングやブランド化や情報発信などを行うことで、少ない資金と労力で大きな効果を発揮できる。例えば、すでに共同で利用できるロゴマークなどを作成・利用している。今後は、周遊券、スタンプラリー、共通の認定書など、連携の仕組みづくりが課題となる。

経済交流の促進に向けて

戦前の樺太統治時代(一九〇五—一九四五年)の稚内は、樺太の大泊と結ぶ「稚泊航路」の起点として、北海道と樺太のゲートウェイとして機能してきた。しかし、第二次世界大戦の終結とともに閉ざされてしまい、冷戦期は米ソ対立の最前線の一つであった。この稚内とサハリンとの航路が再開されるのはソ連解体後の一九九五年である。その前後の経緯を見てみよう。

ソ連解体の翌一九九二年には、北海道と極東三地域(沿海地方、ハバロフスク地方、サハリン州)をメンバーとする「北海道とロシア連邦極東地域との経済協力に関する常設委員会」が設置され、具体的な協力案件を記載した「経済協力プログラム」も策定された(現在まで五年ごとに更新されている)。隣接するサハリンとは一九九八年に「北海道とサハリン州との友好・経済協力に関する提携」が結ばれ、二〇〇〇年には「経済交流促進プラン」が合意された。こうした動きの中で、経済交流に必要な基礎インフラとして、一九九五年には稚内港とコルサコフ港を結ぶ定期航路が開かれ、一九九八年に同航路にフェリー「アインス宗谷」(二二六七トン、定員三〇四名)が就航した。一九九九年にサハリン北東部における石油・天然ガス開発である「サハリンプロジェクト」が開始されると、同フェリーは、重機などの運搬で重要な役割を果たした。また、二〇〇一年に在ユジノサハリンスク日本総領事館と北海道サハリン事務所が、二〇〇二年に稚内市サハリン事務所が相次いで開設された。

この定期フェリー航路は、二〇〇五年には七〇二五トンの貨物を輸送したが、プロジェクトの工事が一段落した二〇〇六年から貨物は減少に転じ、二〇一四年には九〇六トンまで落ち込んだ。その結果、日本のフェリー運営会社が二〇一五年を最後に同航路から撤退した。しかし、この定期航路は、観光はもとより貿易や投資などの経済交流に重要な基礎インフラであることから、二〇一六年四月一日に第三セクター「北海道サハリン航路」(藤田幸洋代表取締役)が設立され、サハリン側との調整がなされた。その結果、ロシアのサハリン船舶会社(SASCO)が新たな運行会社となり、小型旅客船「ペンギン33号」(二七〇トン、定員八〇名)が就航し、八月一日より運行が再開された。初年度は準備不足もあり、利用客数は目標とする千人に届かず、二〇一七年度以降は利用者の拡大、航路の維持が大きな課題となっている。

この利用者の拡大、航路の維持にボーダーツーリズムを活用しなければならない。また、稚内は、サハリンとの交流拠点として機能してきたこれまでの歴史を踏まえ、サハリンだけでなく極東ロシ

年度別稚内・コルサコフ定期航路利用実績

項目	1999年	2000年	2001年	2002年	2003年	2004年	2005年	2006年	2007年
便数(便)	56	64	64	100	118	120	128	120	90
旅客(人)	2,355	3,652	4,205	4,838	4,894	5,403	5,943	6,681	4,695
日本人	1,823	2,151	3,029	2,861	2,861	2,769	3,091	2,526	2,010
ロシア人	532	1,463	1,097	1,911	1,864	2,516	2,639	3,474	2,559
その他外国人	0	38	79	66	169	118	213	681	126
貨物(トン)	235.96	458.46	1,075.23	1,478.19	4,693.47	4,187.57	7,025.98	6,525.00	4,906.51
貨物輸出	180.13	377.40	885.56	1,325.41	4,529.49	3,966.13	6,644.13	6,215.16	4,164.52
貨物輸入	55.83	81.06	189.67	152.78	163.98	221.44	381.85	309.84	741.99

項目	2008年	2009年	2010年	2011年	2012年	2013年	2014年	2015年
便数(便)	76	76	56	56	56	56	54	56
旅客(人)	5,331	4,236	3,903	3,629	4,219	3,728	4,438	4,401
日本人	1,581	1,474	1,113	1,419	1,473	1,717	1,541	2,215
ロシア人	3,602	2,630	2,706	2,137	2,636	1,943	2,761	2,046
その他外国人	148	132	84	73	110	68	136	140
貨物(トン)	5,218.21	904.35	733.34	1,170.43	979.13	1,153.90	906.23	192.10
貨物輸出	4,239.05	730.37	720.27	1,133.30	909.89	1,138.74	900.60	NA
貨物輸入	979.16	173.98	13.07	37.13	69.24	15.16	5.63	NA

(注) NA：不明

(出所) 稚内市建設産業部サハリン課資料を基に古川浩司作成

アとの経済交流の拠点として機能を拡大したいと考えている。しかし、一七年間運行したフェリー「アインス宗谷」が撤退せざるを得ないなど、現実は非常に厳しい。そうした中で、経済交流のきっかけの一つとして、ボーダーツーリズムの活用は重要であろう。すなわち、まず観光交流による双方向の人の流れをつくり、それを貿易や投資（モノや資金の流れ）につなげ、経済交流の大きな流れに発展させたいと考えている。

さらに言えば、ボーダーを挟んで対峙する両地域の経済的相互依存関係が深まれば深まるほど、ボーダーの安定と平和が維持されると言えよう。これは地域の生活にとっても、日本とロシアの安全保障にとっても重要な視点だと言えよう。

稚内とサハリンの国境越えツアーの造成

前述したように二〇一五年六月一五日から一九日の日程で、稚内とサハリン南部（コルサコフ、ユジノサハリンスク、ドリンスクなど）を旅して、境界地域を『見る』『渡る』『比較する』という、稚内・サハリンのボーダーツーリズム「二〇一五サハリン国境観光モニターツアー五日間」が実施された（実施：ANAセールス・北都観光）。このツアーには、三二名（旅行会社や企画担当者などを除く）が参加し、その参加者に対してアンケート調査を実施した。

参加者の内訳は、男性が二〇名、女性が一二名で、平均年齢は五六・七歳（男性五八・一歳、女性五五・八歳）、最高齢は八六歳で、半数以上の一七名が六〇歳以上だった。居住地は、道外一四名

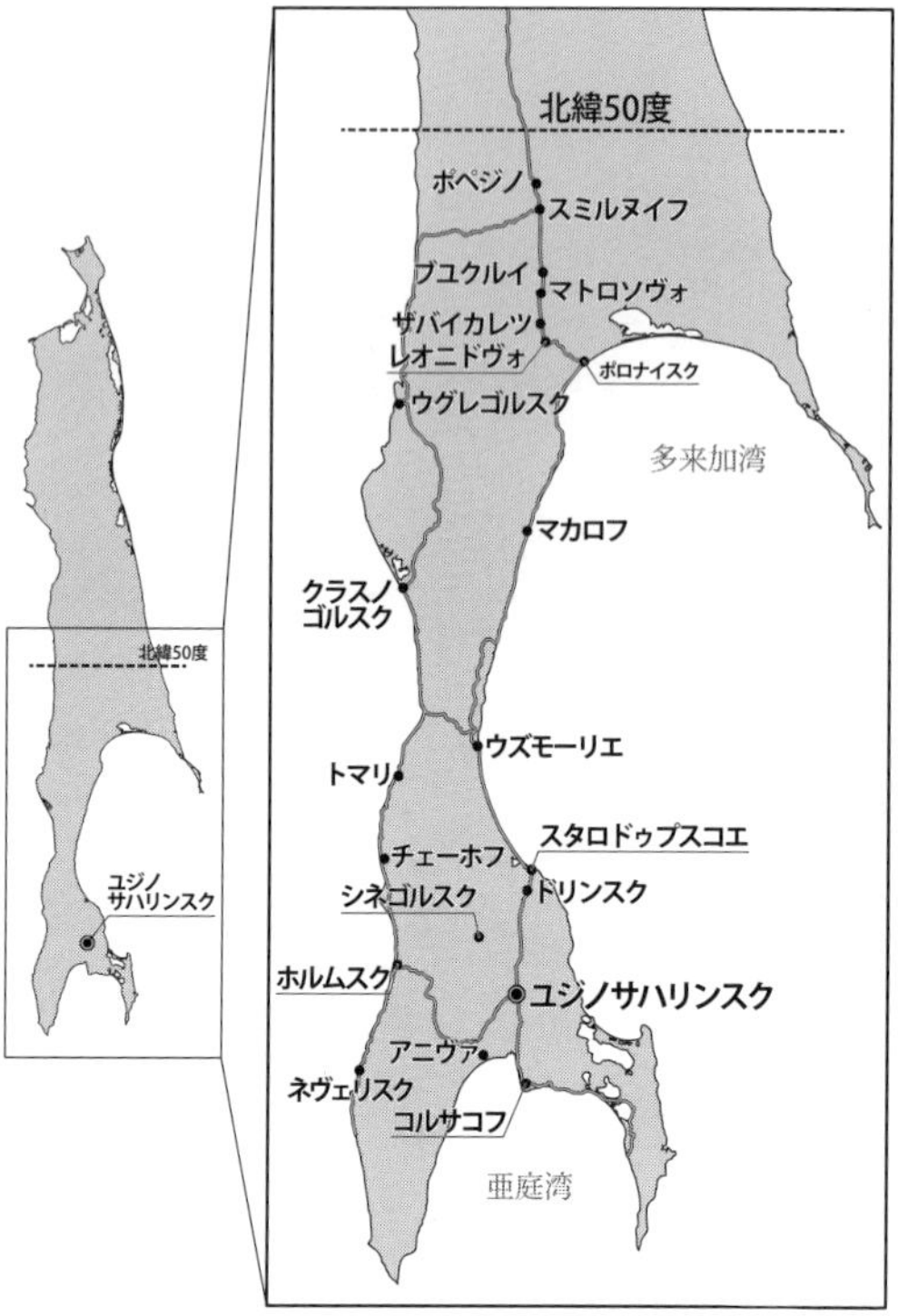

サハリン（樺太）

（遠くは九州で、関東圏の他、京都府、山口県、新潟県など）、道内一八名（札幌市七名、地元稚内市二名、その他の道内九名）であった。稚内を初めて訪問したのは九名、サハリンを初めて訪問したのは二五名で、国内の一般的な観光地である稚内と、あまりなじみのない外国であるサハリンとの差が現れた。

ツアーに申し込みをする際の決め手・動機をたずねたところ、複数回答可で「サハリン（旧樺太）を訪問できる」二九名、「コルサコフ（旧大泊）を観光できる」二九名、「ユジノサハリンスク（旧豊原）を観光できる」二七名、「ドリンスク（旧栄浜）を観光できる」二四名など、サハリン観光に関する四項目と、「国境地域の歴史に触れ学ぶことができる」二九名、「国境地域の現在を観光し体験で

BORDER TOURISM

稚内から一番近いヨーロッパ　羽田・稚内発着

団体企画　査証免除で行く 72時間以内滞在ロシア査証免除制度利用　添乗員同行

2015 サハリン国境観光モニターツアー5日間

◆ご旅行日程◆

6/15(月)～6/19(金)

■ご旅行代金（稚内発着：お一人様）（2名1室利用の場合）

127,400円　■募集人数30名［最少催行人員：15名］

1人部屋追加料金（4泊分）22,000円

■利用予定ホテル（稚内グランドホテル）

■利用予定ホテル（サハリン・サッポロ・ホテル）

■利用船会社：ハートランドフェリー（往復2等和室）

■お申込み締切日：ご出発日の21日前　■満席になり次第受付を終了いたします。

アインス宗谷
全長 76.66m
幅：14.50m
総トン数：2628トン
旅客定員：223名

わっかない地域商品券2,000円分付き
例えば　①お食事代のお支払に充当。
②お土産の購入代に充当。
※指定店等のご案内書は後日となります。

日	月日・曜日	都市名	発着時間	交通機関	行程	食事
	6/15（月）	稚内空港　ご集合 稚内市内視察観光	13時00分 17時00分	専用車	稚内空港1階到着ロビーにご集合。 専用車で宗谷岬、宗谷丘陵、稚内風力発電施設、稚内開基百年記念塔（北方記念館）など解説観光。 ホテル帰着 稚内グランドホテル（泊）	
①	6/16（火）	稚内グランドホテル 稚内港 コルサコフ港（旧大泊） ユジノサハリンスク（旧豊原）	07:30発 09:00発 15:30着 ＊(14:30) 18:00頃 ＊(17:00) 19:00頃	ハートランドフェリー 専用車	ホテルより専用車で稚内港へ。 アインス宗谷にて稚内港を出航。 コルサコフ港到着 入国手続き終了後、 専用車にてユジノサハリンスクへ。 ユジノサハリンスク到着。 ◆ホテルのレストランで夕食。  レーニン像（レーニン広場） ユジノサハリンスク（泊）	朝食 弁当船内 夕食
②	6/17（水）	ユジノサハリンスク コルサコフ プリゴロドノエ CITY MALL（シティモール） サハリン州郷土博物館 ゲルメスなど	09:00発 16:30頃	専用車	ホテルで朝食 専用車でユジノサハリンスクからプリゴロドノエでLNG施設見学（車窓から）、旧日本軍上陸記念碑、コルサコフ市役所前広場、コルサコフ展望台、CITY MALL（自由見学と自由昼食）、サハリン州郷土博物館、ゲルメス（買い物）など見学。 ホテル帰着 OP：夕食は自由食。（オプションでご案内いたします。） ユジノサハリンスク（泊）	朝食
③	6/18（木）	ユジノサハリンスク 終日自由行動。 ユジノサハリンスク市内自由散策をお楽しみください。	18:00		ホテルで朝食 OP：オプショナル・ツアー（別途料金） 【ドリンスク・栄浜日帰り観光（昼食付）】9：00～14：30 旧落合（ドリンスク）、ドリンスク駅前、ドリンスク・レーニン広場・旧栄浜駅跡（宮沢賢治下車）、琥珀海岸で琥珀拾い、白鳥湖など 夕食は、「ふる里レストラン」 ユジノサハリンスク（泊）	朝食 夕食
④	6/19（金）	ユジノサハリンスク コルサコフ港 稚内港	07:30発 10:00発 14:30着	専用車 ハートランドフェリー	ホテルで朝食 専用車でユジノサハリンスクからコルサコフ港へ。 出国手続き終了後、「アインス宗谷」で帰国の途へ。 稚内港到着、入国手続き後、解散となります。 お疲れ様でした。	朝食 弁当船内

■時間は現地時間です。（日本との時差は1時間）＊（　）内に時間は、日本時間です。
［企画］特定非営利活動法人 国境地域研究センター
［協力］北海道大学スラブ・ユーラシア研究センター 境界研究ユニット

［後援］■稚内商工会議所■稚内・コルサコフ定期航路利用促進協議会
■（一社）稚内観光協会■ ハートランドフェリー株式会社

［旅行企画・実施］　観光庁長官登録旅行業第1656号
ANAセールス株式会社
〒103-0027　東京都中央区日本橋2-14-1
ボンド保証会員　旅行業公正取引協議会会員

［受託販売］　北海道知事登録旅行業第2-128号
北都観光株式会社
〒097-0022稚内市中央4丁目5番29号
総合旅行業務取扱管理者　米田正博
受付時間／月～金曜日 8:00～18:00
土・日・祝日は17:00まで
☎ 0162-23-3820　FAX 0162-22-4252

第1回モニターツアーパンフレット

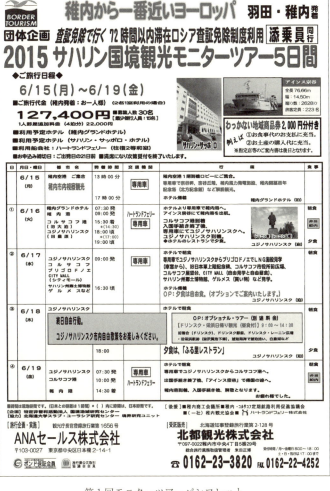

きる」二五名、「稚内経由サハリン行きの珍しい行程である」二三名など、ボーダーツーリズムに関する三項目が上位を占めた。

中位には、「国際フェリーに乗船して船旅が楽しめる」二二名、「国境観光という言葉に興味を持った」二二名、「プリゴノドノエの観光ができる」二一名、「お得な価格」二一名などが入った。

これに対して、稚内観光の定番である「稚内で食事や買い物を楽しむことができる」が九名で最

稚内市職員の名調子で宗谷の名跡を回る(宗谷公園)

学芸員の特別解説(開基百年記念塔)

下位、「稚内および周辺の観光地を訪問できる」一四名、「サハリンでの食事や買い物」一九名などが下位となった。以上から、買い物や食事という一般的な観光とは異なる、ボーダー（境界）地域を旅するという新たなニーズの存在を確認することができた。

一五日に稚内に集合した参加者は、稚内市役所の協力で、宗谷公園（幕末に松前藩が設置した交易拠点である「宗谷場所」の跡地など）、宗谷丘陵（北海道遺産の一つに数えられる景観と風力発電基地など）、宗谷岬（日本最北端の碑、間宮林蔵の像、大韓航空機撃墜事件の慰霊碑など）、開基百年記念塔（北方記念館）などを観光した。市職員の中川善博氏の丁寧だが軽妙な案内、北方記念館での学芸員斉藤譲一氏の専門的で詳しい解説が好評だった。通り一遍の観光ではなく、地元の人たちの熱い案内や説明があり、稚内観光の満足度に関しては、「とても満足できた」三六％と「やや満足できた」四三％を合わせて約八〇％が満足したと回答した。

翌一六日にフェリーでサハリンに移動した。五時間半の乗船時間の一部を利用して、北海道大学の岩下明裕教授などによるミニ講義や参加者の自己紹介などが行われた。一七日はプリゴノドノエ（旧深海村女麗）の液化天然ガス工場とその積出港、倒されたまま放置されている日露戦争の「遠征軍上陸記念碑」を、コルサコフ（旧大泊）では日本統治時代に建設された桟橋を見下ろす高台、その高台にある「韓国人望郷の碑」、市役所前のレーニン像、旧拓銀大泊支店などを訪ねた。さらに、ユジノサハリンスク（旧豊原）ではサハリン州立郷土博物館（旧樺太庁博物館）、勝利広場（樺太神社跡）、郊外型複合商業施設であるシティ・モールなどを見て回った。ロシア人現地ガイドの案内の他、上陸

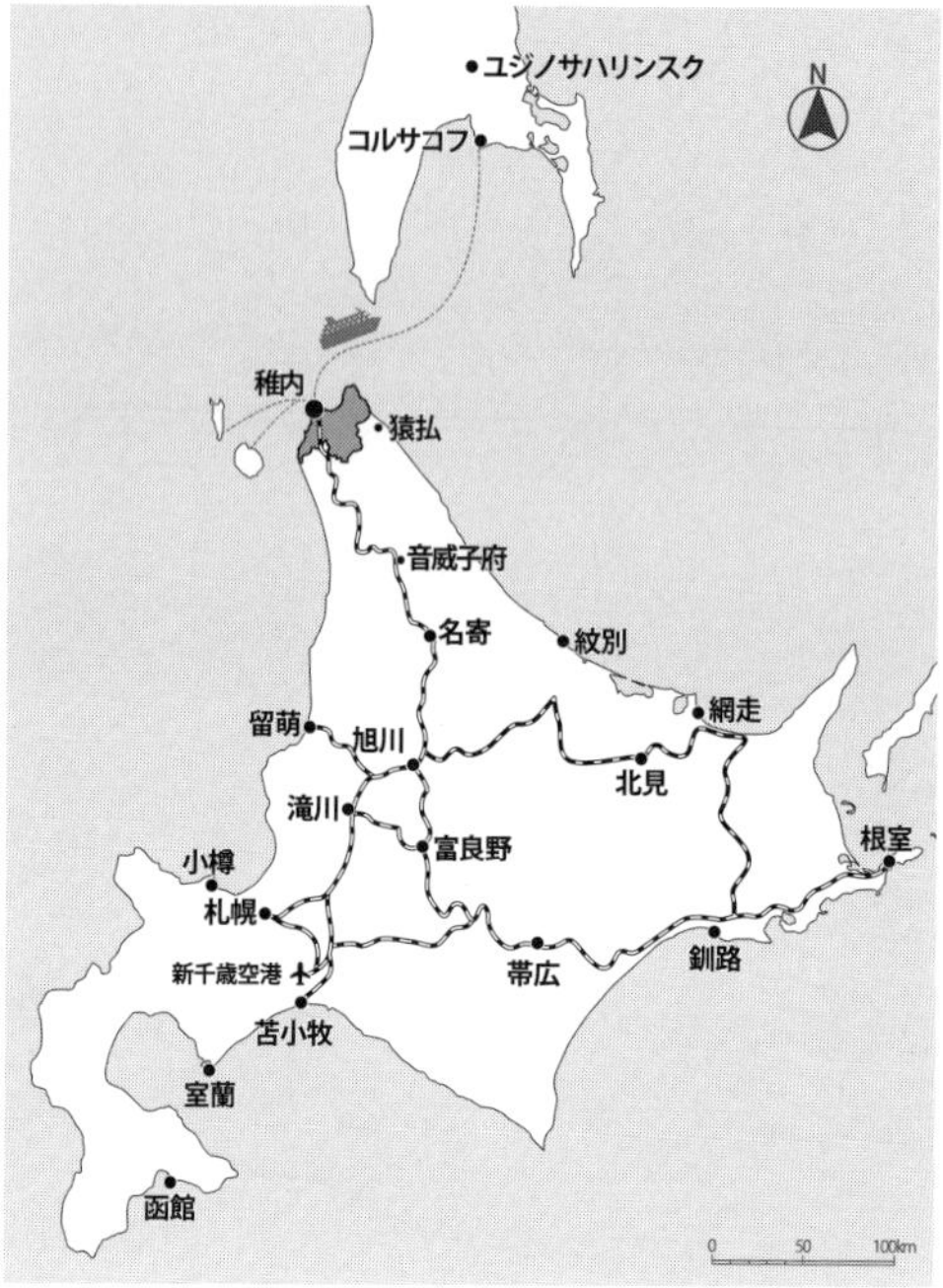

北海道とサハリンを結ぶ

記念碑や博物館などでは、サハリンの歴史や日本統治時代の建築に詳しい北大研究員の井澗裕氏による解説があった。

アンケートによると、サハリンで印象に残った・満足したものは、州立博物館での解説（第一位）と展示（第二位）で、プリゴノドノエ（第四位）やサハリンと日本・稚内の歴史的つながり（第六位）など、解説が実施された項目が上位に入った。やはり、解説の有無は満足度に大きな影響を与えたようだ。結果として、旅行全体の満足度に関しては、「とても満足できた」四八％と「やや満足できた」三六％を含めて、全体の八四％が満足したと回答した。

最後に課題を整理しておこう。稚内では観光に必要な基礎インフラが整備されているのに対して、サハリンは観光地化されておらず、絶対的にインフラが不足している。具体的には、外国人観光客が快適に利用できるトイレの整備は不可欠であり、外国語（英語や日本語）の表示や説明も必要である。また、稚内市や宗谷振興局などが多言語の観光情報の充実に努力しているが、未だ十分とは言えない。日露双方で、多言語による地域情報や観光情報の発信力を高める工夫と努力が必要である。

ところで、ボーダーツーリズムの参加者が増加するとニーズも多様化するので、①複数のテーマとコースを用意して集客しなければならない。そうすると、②それぞれのテーマとコースに対応し

倒されたままの日本軍上陸記念碑

サハリンの郷土博物館で日露国境標石を見る

たガイドを養成することが必要となる。さらに、参加者からは、稚内でもサハリンでも、地元の人たちとの交流を求める意見が多かった。今後は、③そうした交流の場を設定できるか(地元の祭りなどイベントへの参加を含む)が課題となる。そして、④ボーダーツーリズムは、地域の活性化を目的の一つとしていることから、観光による人の流れをつくるだけでなく、地元にお金が落ち、雇用が生まれ、地域の活力になるような仕組みづくりが不可欠である。これについては最後にもう一度触れたい。

北緯五〇度線(旧日ソ国境線)をテーマに

北海道の稚内とサハリン南部を旅したボーダーツーリズムに続き、二〇一五年九月一〇日から一五日の日程で、樺太の南半分が日本の領土であった「樺太統治時代」(一九〇五―一九四五年)に、日本とソ連(当時)の国境線であった北緯五〇度線を旅するボーダーツーリズム「サハリン国境紀行――北緯五〇度線へ」(実施:エムオーツーリスト)が実施された。かつての日ソ国境線を訪ねて、ここに国境線が引かれた経緯、その後のサハリン(樺太)における人々の生活、そしてソ連の侵攻と統治について学ぶ旅である。しかし、これまで旧国境を訪ねるツアーはほとんど存在しなかったので、この地域は観光地化されていないため不便も多く、それにもかかわらず、旅行代金は稚内発着で二九万五千円と高額なものになった。しかし、それがかえって非日常の旅を実感させ、参加者の評価は高かった(具体的な感想についてはJCBSのホームページに掲載されている参加者のエッセイ参照)。

NPO 国境地域研究センター企画

サハリン国境紀行　2つの国境を越える旅

BORDER TOURISM

稚内からコルサコフへ　日露を隔てる海の国境線を越える船旅

かつて日ソを隔てた北緯 50 度線と日本の遺構を訪ねる旅

	日時	時間	都市	プログラム
1	9月9日 (水)	13:00 17:00	稚内空港	稚内空港1階到着ロビーにご集合ください。 専用車で宗谷岬、宗谷丘陵、稚内開基百年記念塔(北方記念館)など解説観光 わっかない地域商品券 2,000 円分付き お食事代やお土産のご購入にご利用ください ホテル帰着　【稚内泊：稚内グランド・ホテル】
2	9月10日 (木)	07:30 09:00 15:30 夕方	稚内発 コルサコフ(大泊)着 コルサコフ(大泊)発 ユジノサハリンスク(豊原)着	ホテルにて朝食 ホテル出発 ハートランドフェリーにてサハリンへ 宗谷海峡で日露の国境超え(「国境通過証明書」が渡されます) 昼食は船内でお弁当 到着後、市内ミニ観光：大泊王子製紙工場跡、旧拓殖銀行跡(外観)を見学 専用バスにて 到着後、ホテルにて夕食【ユジノサハリンスク泊：ホテル　サハリン・サッポロ】
3	9月11日 (金)	午前 午後 18:00	ユジノサハリンスク(豊原)発	ホテルにて朝食 ユジノサハリンスク市内視察/旧日本史跡を巡ります 郷土史博物館(旧樺太庁博物館/入場/北緯 50 度線＝旧国境の標石を見学します)、旧拓殖銀行、軍事裁判所(旧樺太司令官邸)、樺太神社跡、山の空気展望台、日本人墓地(献花) 市内レストランにて昼食 日本センター訪問 専用バスにてポロナイスク(敷香)へ 夕食はホテルにて 【ポロナイスク泊：ホテル　セーベル】
4	9月12日 (土)	01:00 午前 昼 午後 23:33	ポロナイスク(敷香)着 ポロナイスク(敷香)発 スミルヌイフ(気屯) ポベージノ(古屯) ユジノハンダサ(南半田沢) ユジノハンダサ(南半田沢)発 ポロナイスク(敷香)着 ポロナイスク(敷香)発	専用バスにてホテルへ 専用バスにて北緯 50 度線旧国境地域へ出発 スミルヌイフ(気屯)：日ソ両軍の激しい戦闘の地、郊外にトーチカなど ポベージノ(古屯)：同上、旧日本軍トーチカ、ソ連軍戦勝記念碑等 スミルヌイフ戦没者慰霊碑にて献花 南半田沢駅(国境から4キロの所)、北緯 50 度国境石碑等 岡田嘉子が杉本良吉と共に日ソの国境を越えて逃避行したのは1938年(昭和13年)1月3日午後3時半のことでした 昼食：お弁当 専用バスにて 到着後、市内視察/旧日本史跡巡り：旧王子製紙敷香工場跡、旧駅跡他 ポロナイスク郷土史博物館 市内レストランにて夕食 夜行寝台列車 604 号にて　【車中泊】
5	9月13日 (日)	06:17 09:00 11:00 昼 午後	ユジノサハリンスク(豊原)着 ユジノサハリンスク(豊原)発 ホルムスク(真岡)着 ホルムスク(真岡)発 ユジノサハリンスク(豊原)着	専用バスにてホテルへ 小休止(朝食、トイレ) 専用バスにて 途中、終戦後も日ソ間で激戦のあった熊笹峠へ。「戦勝記念碑」見学 市内レストランにて昼食 ホルムスク(真岡)市内視察/旧日本史跡巡り：旧王子製紙工場、旧真岡郵便局跡、鎮魂の碑他 専用バスにて 市内レストランにて夕食 【ユジノサハリンスク泊：ホテル　サハリン・サッポロ】
6	9月14日 (月)	午前 午後	ユジノサハリンスク(豊原)発 シネゴルスク(川上)着 シネゴルスク(川上)発 ユジノサハリンスク(豊原)着	ホテルにて朝食 専用バスにて 旧川上炭鉱を見学 昼食：お弁当 専用バスにて ショッピング等 市内レストランにて夕食 【ユジノサハリンスク泊：ホテル　サハリン・サッポロ】
7	9月15日 (火)	10:00 13:00 16:00	ユジノサハリンスク(豊原)発 東京(成田)着	ホテルにて朝食 専用バスにて空港へ 空路、オーロラ航空 HZ-9233 便にて帰国の途に/昼食は機内食

北緯50度線ツアーパンフレット(エムオーツーリスト)

これに続き、第二回目の北緯五〇度線ツアー「サハリン北緯五〇度線紀行――サハリン五日間の旅」（実施：近畿日本ツーリスト・北都観光）が、二〇一六年八月二七日から三一日の日程で実施された。しかし、このツアーは、ちょうど稚内・コルサコフ間のフェリーが休止している時期に企画されたので、新千歳空港・ユジノサハリンスク空港間の空路を利用せざるを得なかった。そのため稚内観光ができず、その代替手段として、北海道庁旧本庁舎（赤レンガ庁舎）二階にある「樺太資料館」において、専門家の解説を聞いてからサハリンに渡航することになった。以下では、第二回目の北緯五〇度線ツアーの概要について紹介する。

第一日目は札幌からユジノサハリンスクへ向かった。札幌市内の北海道庁旧本庁舎（赤レンガ庁舎）二階にある樺太資料館にて、元島民のボランティアガイドと北大スラブ・ユーラシア研究センターの井澗裕氏の解説を聞いた。同資料館には、樺太時代の展示の他、今回のツアーに関係する国境標石のレプリカ、ポロナイスクの旧王子製紙工場の模型などが展示されていた。

その後、各自で新千歳空港に移動して、ロシアのオーロラ航空（旧サハリン航空）に搭乗。約八〇分でユジノサハリンスク空港に到着。入国手続きを済ませ、専用バスで市内のホテルに移動してチェックインした。

第二日目はドリンスクからポロナイスクへ移動した。朝九時に専用バスでホテルを出発。稚内出身の写真家でサハリンを何度も取材旅行している斉藤マサヨシ氏が同行して、ベテランの現地ガイドであるイリーナさんの説明を補足した。まず、宮沢賢治の足跡を辿り、賢治が降り立ったという

千歳発着　オーロラ航空で行く!

2016 サハリン北緯 50 度国境紀行

BORDER TOURISM
ボーダーツーリズム

サハリン５日間の旅

■出発日 8/27(土)～8/31(水)

添乗員が同行しますので安心です。

■ご旅行代金 (千歳空港発着：お一人様)

224,000円 (2名1室利用の場合)

■募集人数 25名
［最少催行人員：15名］

1人部屋追加料金 (3泊分) 20,000円割増

■利用予定ホテル
パシフィック・プラザ・サハリン (ユジノサハリンスク)
［メガパレス、ホテルガガーリンを利用する場合もあります。［料金同額補償］］
セーベル・ホテル (ポロナイスク)

■利用航空会社：オーロラ航空 (往復エコノミー)

■満席になり次第受付を終了いたします。

■旅行日程

日程	都市名	予定時刻	行程
① 8/27 (土)	 新千歳空港発 ユジノサハリンスク	14：00～16：00 19:30 発 22:50 着	NPO 国境地域研究センターの専門家によるサハリン事前学習プログラム（裏面） 出国手続き後オーロラ航空便 (所要 1 時間 20 分) で、ユジノサハリンスクへ。 空港到着後、入国手続き。専用車でユジノサハリンスクへ。 「ユジノサハリンスク泊」
② 8/28 (日)	ユジノサハリンスク ドリンスク (落合) スタロドブスコエ (栄浜) 白鳥湖 マカロフ (知取) ポロナイスク (敷香)	09:00 ヴズモリエ「カニ売り」 17:00	ホテルで朝食後、専用車にてドリンスク (落合)、スタロドブスコエ (栄浜)、白鳥湖など宮沢賢治の足跡を訪ね、ヴズモリエ (白浦) (旧白浦神社跡：鳥居)、マカロフ (知取) で昼食、慰霊碑参拝、ポロナイスク (敷香) へ。 夕食はホテルにて 「ポロナイスク泊」
③ 8/29 (月)	ポロナイスク発 スミルヌイフ (気屯) ポベジノ (古屯) ユジノハンダサ (南半田沢) スミルヌイフ (気屯) 発 夜行寝台列車	09:30 北緯５０度国境石台座 21:47	ホテルで朝食後、専用車でポロナイスク市内観光 (大鵬幸喜銅像、博物館) 北緯 50 度線旧国境地域へ。 スミルヌイフ (気屯)、ポベジノ (古屯)、ユジノハンダサ (南半田沢) 旧日本軍のトーチカ、ソ連戦争犠牲者の碑、日ソ平和友好の碑、ソ連軍戦勝記念碑、慰霊碑など 北緯 50 度国境石台座　昼食はお弁当又は市内のレストラン 1993 年1月3日、岡田嘉子が杉本良吉と共に日ソの国境を越えて逃避行したので有名。 夕食はスミルヌイフ (レストラン Izbushka 予定) 夜行寝台列車 (#604)「コンパートメント：個室4名定員」でユジノサハリンスクへ。 「車中泊」
④ 8/30 (火)	ユジノサハリンスク着 ユジノサハリンスク発 (豊原) コルサコフ (大泊) プリゴロドノエ ユジノサハリンスク	06:23 08:30 サハリン州立郷土博物館 18:00	(#604) 列車でユジノサハリンスク駅到着後、専用車でホテルへ。 ホテルで朝食後、専用車で LNG 基地、コルサコフ市内観光へ。 コルサコフ市役所前広場、旧北海道拓殖銀行 (車窓)、展望台からコルサコフ港遠望。 プリゴロドノエで LNG 基地見学 (車窓)、旧日本軍上陸記念碑。 ユジノサハリンスクで一番大きなシティモールへ (買い物など) ユジノ市内レストランで昼食後はユジノサハリンスク市内観光 (栄光広場・ロシア正教会・サハリン州立郷土博物館・レーニン広場・ガガーリン公園など) 夕食は、ユジノ市内のレストラン。 「ユジノサハリンスク泊」
⑤ 8/31 (水)	ユジノサハリンスク発 ユジノサハリンスク空港発 新千歳空港着	10:30 13:00 12:20	ホテルにて朝食後、専用車でユジノサハリンスク空港へ出発。 出国手続き後、オーロラ航空で空路新千歳空港へ。 新千歳空港到着。入国・手荷物検査終了後解散となります。

■時間は現地時間です。(日本との時差は２時間)　■表記時刻が変更になる場合がございます。

●協　力：境界地域研究ネットワーク JAPAN、NPO 法人国境地域研究センター、北海道大学スラブ・ユーラシア研究センター (境界研究ユニット)

北緯 50 度線ツアーパンフレット（北都観光）

ドリンスク（旧落合）で落合駅跡を訪ねた。現在は駅舎も鉄路も何も残っていないが、日本人の来訪者が多いことから、市では記念碑の建立を計画しているそうだ。また、スタロドプスコエ（旧栄浜）、白鳥湖など、賢治に関連する場所を車窓から眺めた。

その後、日本の樺太統治時代の痕跡を求めて北上し、ヴズモリエ（旧白浦）では白浦小学校跡に残る奉安殿、白浦神社跡に残る鳥居などを見て、マカロフ（旧知取）にて昼食。昼食後、旧知取出身のツアー参加者と市内を散策し、日本統治時代に小学校で起きた火災事故の話を聞いて皆で慰霊碑に献花した。ポロナイスク（旧敷香）へ移動し、同地出身の横綱大鵬（父親がウクライナからの亡命者で、終戦直後、母と樺太を脱出して帰国）の像を見学して、市内のホテルに宿泊した。

三日目が、今回のツアーのハイライトとなる北緯五〇度線の視察である。ポロナイスクを離れる前に、旧王子製紙敷香工場跡で迫力ある廃墟を間近に見学。その後、スミルヌイフ（旧気屯）、ポペジノ（旧古屯）、ユジノハンダサ（旧南半田沢）と移動して北緯五〇度線（旧国境線）付近で、旧ソ連が建立した「ソ連戦勝の碑」や「ソ連戦争犠牲者の碑」、日本とソ連が建立した「日ソ平和友好の碑」、「樺太・千島戦没者慰霊碑」などを回り、かつて国境標石が設置されていた台座（旧国境線）を見学した。慰霊碑の周辺は整備され清掃されていたが、国境標石の台座は林道脇に放置されて苔むしていた。この付近は日ソ両軍の激戦地であり、今も日ソ両軍の塹壕やトーチカの跡が残っていた。

スミルヌイフでの夕食後、スミルヌイフ駅から夜行寝台列車に乗り、ユジノサハリンスクを目指した。日本統治時代には、鉄道が古屯まで敷設されており、当時の古屯駅は日本最北端の駅であった（軍事線だったので時刻表には掲載されていない）。戦後、鉄道施設はソ連に接収されたが、現在まで日本の狭軌（基本的にロシアは広軌）で運行され、近年まで日本国鉄の古い車両が走行していた。

そのため、サハリン南部の鉄道の旅は、鉄道ファンの関心も集めている。

四日の早朝、ユジノサハリンスク駅に到着。ホテルで休息した後、専用バスでプリゴロドノエ

廃墟ツアーも楽しめる製紙工場跡

「日本から南サハリンを解放！」

（旧女麗）、コルサコフ（旧大泊）、ユジノサハリンスク（旧豊原）を観光した（先に実施したモニターツアーとほぼ同一内容）。最終日は、北海道を通過した台風がサハリンに接近して、ユジノサハリンスク市内も風が強くなっていたが、ユジノサハリンスク空港から無事に帰国することができた。

参加者にヒアリングをした結果、最も印象的だったのはやはり「北緯五〇度線」で、例えば「何も無いと思っていたが、台座や慰霊碑や旧日本軍のトーチカなどが残っていた」、「個人では簡単に行くことができない北緯五〇度線まで行くことができ達成感があった」、「慰霊碑に献花をすることができて良かった」などの意見があった。次に印象的だったのは、ポロナイスクの旧王子製紙工場跡で「工場跡の内部には入れないと思っていたのに、構内に入ることができ嬉しかった」、「想像以上に巨大な工場で、残骸とはいえ迫力を感じた」などである。他には、「サハリンに詳しい同行者の他、ツアー参加者の中に元樺太島民がいて、本当に勉強になった」、「詳しい解説や実際に住んでいた人の生の話は価値があるので、価格に加味して考えることができる」という意見があった。また「思ったより近かったし、いろいろ残っていて良かった」という意見がある一方で、「日本のものが思ったより少なく、また、

北緯50度線の日露国境標石台座

どんどん無くなっている」という意見もあった。

残念なことは「ロシア人ともっと交流したかった」、「もっと、現在のロシア人の生活やサハリンの現状を知りたかった」、「古い写真など、当時の様子を知る資料があれば良かった」などで、不便なことは「買い物をした際に釣銭がないと何度も言われた」、「Ｗｉ-Ｆｉ環境が良くない」、「せめてＮＨＫ（海外向け放送）が見たかった」などであった。

境界を越えないオホーツクへの旅

ボーダーツーリズムといえば、ボーダー（境界）を越えて旅することをイメージするかもしれない。しかし、先に説明したように、我々が取り組むボーダーツーリズムにおいては、ボーダーを越えるという行為が重要なのではなく、ボーダーの資源や魅力を活用することが重要なのである。そうだとすれば、あえてボーダーを越えなくても、ボーダーならではの体験を楽しむ旅行スタイルであれば、ボーダーツーリズムが成立する。

そうした観点から、二〇一五年一〇月二日から五日に根室からオホーツク沿岸を通って稚内まで約五〇〇キロ（ほぼ東京・大阪間の距離と同じ）をバスで旅する三泊四日の「道東ボーダーツーリズム――オホーツクゲートウェイ」（実施：ビッグホリデー）を実施した。北海道の行政区画でいうと根室振興局、オホーツク総合振興局、宗谷総合振興局にまたがる地域で、三振興局の合計面積は二万三八五〇平方キロで、四国四県の合計面積一万八八〇〇平方キロよりかなり広い（ただし、根室振興局の面積には北方四島約五千平方キロが含まれており、これを除くとほぼ同じである）。この広大な土地の人口は約四六万人で、四国四県の合計約三八〇万人と比較するとはるかに少ない。

現在のオホーツクは、そのような過疎の地域であるが、古代はボーダーに面した移動と交流の場であった。すなわち、最終氷期（約七万―一万年前）には大陸からサハリンを経由して日本列島に人類が到達したルートに位置し、その後、縄文人や擦文《さつもん》人の生活の場となり、この地域で発見された遺跡からは、サハリンや大陸との交流の痕跡が発見されている。また、五世紀頃にはオホーツク文化人がサハリン方面から南下して居住し、九世紀にこつ然とその痕跡を消した地域でもある。その後、一三世紀頃に始まるアイヌ時代には、サハリンから極東地域、千島列島からカムチャッカ半島、さらに北米までの広い範囲に居住してした北方少数民族（例えばサハリンのウイルタやニブフ、極東のオロチャやエヴェンキ、北米のイヌイトなど）とアイヌとの交流と交易の拠点となった。また、和人（本州から渡来した日本人）による暴力と搾取にアイヌが抵抗した最後の戦い「クナシリ・メナシの戦い」（一七八九年）の舞台でもあった。幕末には、ペリー来航の六〇年以上も前に、通商を求めてロシア人が来訪して交渉と紛争の場となり（一七九二

納沙布岬から歯舞群島を見る

年にラクスマンが根室に来訪し、一八一一年にゴローニン事件が起きる）、第二次世界大戦末期に侵攻したソ連軍に北方領土を追われた島民たちの多くが到達した地でもあった。

今回のツアーでは、根室の「北方館・望郷の家」や標津《しべつ》の「北方領土館」で実際に北方領土を見ながら元島民の話を聞くことができた。アイヌが和人に抵抗した「クナシリ・メナシの戦い」の舞台の一つである根室では、「横死七十一人之墓」やアイヌの城塞跡である「根室チャシ群」の一つを訪ねた。根室市歴史と自然の資料館、北海道立北方民族博物館（網走）、網走監獄博物館、常呂カーリングホール、北海道立オホーツク流氷科学センター（紋別）などでは学芸員や解説員から詳しい説明を聞いた。また、北海道教育大学の武田泉准教授の案内で、廃止が予定されていたＪＲ北海道の花咲駅や廃線跡などを辿り、北海道の鉄道の歴史や過疎の問題に触れることができた。さらに、一九三九年一二月に猿払《さるふつ》村の沖で遭難したソ連のインディギルカ号の「遭難者慰霊碑」では、中京大学の古川浩司教授の解説で、日本人による決死の救助活動と、日ソ時代から続く両国の交流の歴史を学ぶことができた。

猿払のインディギルカ号慰霊碑

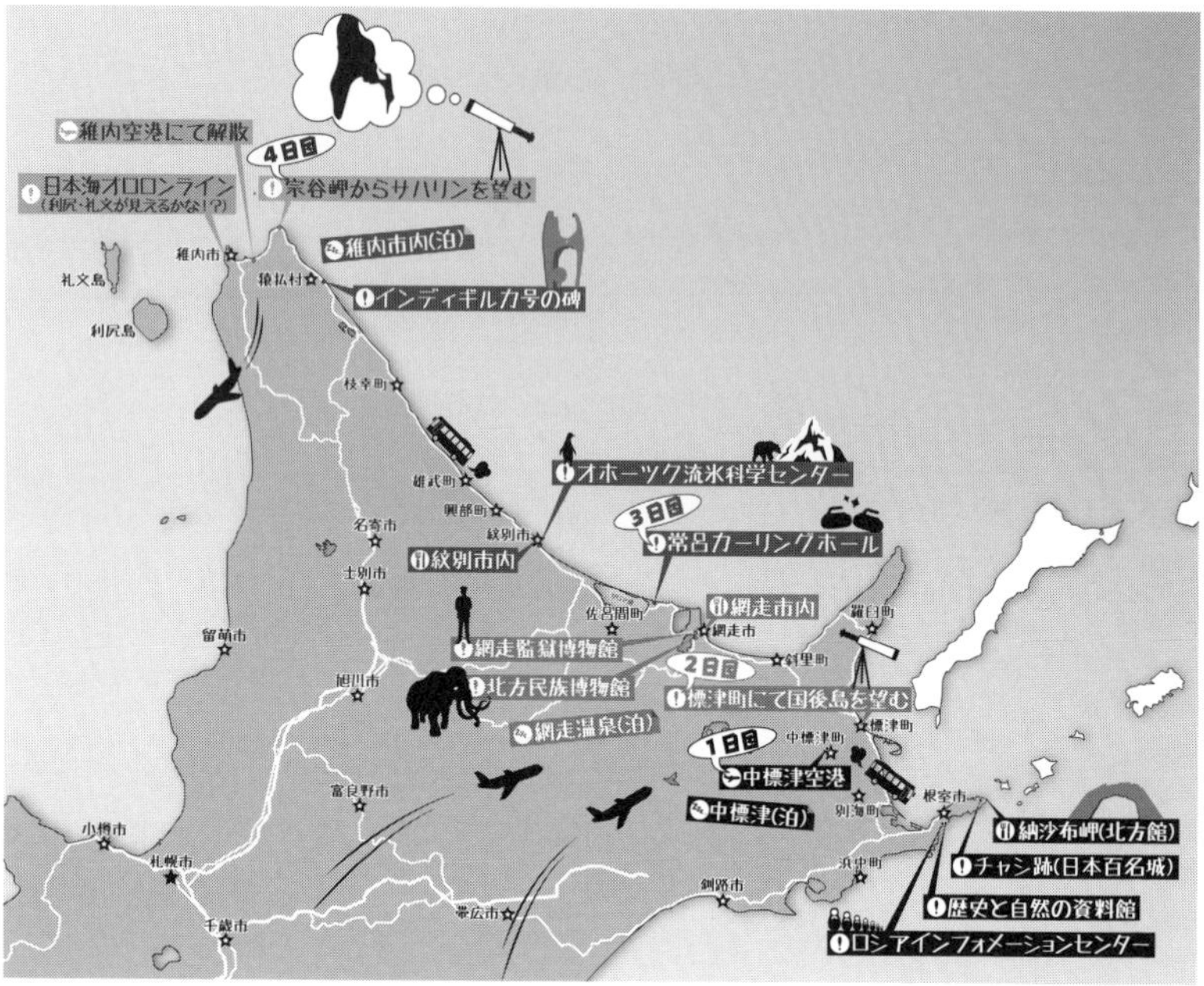

国境を越えない「国境」ツアー（道東オホーツク）

参加者一四名（男性九名、女性五名）に対してアンケート調査を実施した。その結果、各施設の展示内容や解説、また、移動時間を利用した車内での解説はおおむね好評であった。これに対して、長距離移動の忙しい日程、テーマのばらつき、少し高めの価格（中標津空港着・稚内空港発の三泊四日、二名一室で八万八千円）、アクセスの悪さ（中標津空港から根室まで車で約九〇分）などは不評であった。また、「実際に北方領土を見ながら、元島民から話を聞いたことで、印象が深まった」という意見がある一方で、「北方領土以外の観光に、もっと力を入れるべきだ」との指摘もあった。

好天に恵まれて北方領土やサハリンを実際に目視することができたこともあって、全体的な満足度は高かったようである。

他方、希望する企画をたずねたところ、「道内のアイヌの歴史や文化を訪ねる旅」、それと関連して「コシャマインの乱に関連した道南のチャシやシャクシャインの乱に関連した日高のチャシを巡る旅」の他、「沖縄の戦跡や基地を巡る旅」など、境界を越えないボーダーツーリズムに関する新しいアイデアも提示された。

新たな連携に向けて

実際に、いくつかのボーダーツーリズムを実施してアンケートやヒアリングを行った結果、物見遊山的な従来の観光とは異なる、スタディツアー的及び体験観光的なボーダーツーリズムに確かな手応えを感じた。

他方、参加者が多くなるとニーズも多様になることがわかった。今後は、テーマや観光スポットあるいは解説などを吟味して、多様な複数のコースを設定する必要がある。魅力ある複数のコースを設定することは、リピーターを確保することにもつながるだろう。

また、各テーマに応じた解説や説明が、参加者の満足度に大きく影響することが明らかになった。高いレベルで解説や説明ができるガイドの育成は、ボーダーツーリズムにとって不可欠な要素である。すでに行われているシルバー人材の活用だけでなく、地元の大学と連携するなど、ボランティアやプロを含む層の厚いガイド集団を養成し、さらに、その質を向上させるシステムづくりが課題となる。

先に述べたように、サハリンでは、外国語(日本語ないし英語)の表示や説明などが絶対的に不足していた。また、事前準備や下調べに必要な情報も不足している。そして、観光による相互交流のためには、ロシア人が北海道を観光するためのロシア語や英語の情報も不足している。それぞれの地域の観光情報を外国語で発信する仕組みづくりは両地域に共通する課題である。観光交流を経済交流に発展させようというのであれば、より多くの地域情報を、日露双方が協力して外国語で発信・交換する連携の仕組みづくりも将来の課題だと言えよう。

サハリンでも稚内や根室でも、ボーダーツーリズム全般で、地元の人たちとの交流を求める意見が多かった。他方、そうした外部との交流は地元の活性化にとっても重要である。サハリンや北海道で、小規模な市民交流会や少人数の対話の場を設定したり、既存の地元の祭りやイベントを利用するなどして、交流の場を積極的に設定する必要がある。

地域振興の観点からは、観光による人の流れだけでなく、地元にお金が落ち、雇用が生まれるような仕組みづくりのためには、来訪者の消費ニーズを把握し、喜んで買ってもらえるような商品やサービス、できれば学習や体験、医療や美容などを絡めた高付加価値の商品やサービスをつくりだす努力が必要である。

以上のような課題に個々のボーダー地域の自治体が単独で対応することには限界がある。また、

PRや情報を発信する場合も単独ではインパクトが不足するであろう。ボーダー地域の自治体が、ボーダーツーリズムという統一的なイメージで連携し協力することが重要となる。また、ボーダーツーリズムの取り組みの中心に位置するJIBSNやJCBS、そして本章を執筆中に設立されたボーダーツーリズム推進協議会（JBTA）には、行政の実務担当者、地元の企業家、大学や地方シンクタンクの研究者、旅行業者などが参加している。その専門性やネットワークを駆使して、競争力と収益力のある観光を実現することが重要である。

ボーダーを意識し、学び、考える

多くの日本人は、ボーダー（境界）と離れて生活しており、日常生活の中でボーダーを意識することは少ない。しかし、ボーダー地域はもちろん、外海に面している全ての地域は、その先にあるボーダーに接しているとも言えよう。ボーダーツーリズムとは、ツアーの参加者だけでなく、ツアー客を受け入れる側も、ボーダーを意識し、学び、考える良い機会になるだろう。

例えば、北海道の歴史を見てわかるように、ボーダーは固定されることなく、幕末から第二次世界大戦の終了まで何度も書き換えられてきた（将来、再び書き換えられるかもしれない）。書き換えられるたびに、そこに住む人々は、日本人もロシア人も少数民族も、多くの人々が影響を受け、翻弄されてきた。北海道でボーダーツーリズムに参加してきたことで、そうしたボーダーの歴史とともに、ボーダーの様々な問題を考えることができた。言い換えると、これまでのボーダーに関する固定観念を見直し、北海道という地域から対岸のサハリン、さらにユーラシアや北米大陸まで視界を広げてボーダー地域を「見る」「渡る」「比較する」ことができ、この地域の問題を考えることができた。

周辺を海とボーダーに囲まれ、領土問題や排他的経済水域（EEZ）から漂流ゴミの問題まで、ボーダーに関連する多くの問題に直面する我々にとって、ボーダーツーリズムを通して、そうした当たり前のことを意識し、学び、考えることは重要である。

参考文献

井澗裕編著『稚内・北航路――サハリンへのゲートウェイ』北海道大学出版会、二〇一六年。

工藤信彦「国境幻想」岩下明裕編著『日本の国境・いかにこの『呪縛』を解くか』北海道大学出版会、二〇一〇年。

サヴェーリエヴァ、エレーナ／小山内道子訳『日本領樺太・千島からソ連領サハリン』成文社、二〇一五年。

司馬遼太郎『街道をゆく三八・オホーツク街道』朝日文芸文庫、一九九七年。

高田喜博「北海道のボーダーツーリズムの展開」『地理』古今書院、二〇一六年九月号。

高田喜博「稚内・サハリン国境観光モニターツアー調査報告」(http://src-hokudai-ac.jp/jibsn/report/160211.pdf)

高田喜博「北緯50度国境紀行」『北方圏』ハイエック、二〇一七年冬号。

稚内におけるボーダーツーリズム

稚内と宗谷海峡を隔てて位置するサハリンは、戦前「樺太」と呼ばれ、四〇万人以上の日本人が暮らしていました。現在の日本でこのことは、あまり知られていないのかもしれません。戦前、稚内と樺太を結んでいた「樺太航路」は、現在も夏季に限られますが「サハリン航路」とかたちを変え、稚内とサハリンを結んでいます。ここでは戦前から続く樺太航路の歴史と、稚内でのボーダーツーリズムについて、少し触れてみたいと思います。

稚泊航路記念碑

航路の歴史を紐解くと、一九二二年に稚内まで鉄道が開通し、その翌年には、稚内と樺太の大泊に連絡船が開設されます。当時、この連絡船は夏場八時間、冬場でも九時間で年間を通して運行されており、冬場宗谷海峡は氷で閉ざされるため、最新の砕氷船が使用されていました。航路が開設した一九二三年には、宮沢賢治が岩手より鉄道と連絡船を乗り継ぎ、樺太を訪れています。この旅程で賢治は数多くの詩を残し、また当時日本最北端の終着駅であった、樺太の栄浜までの樺太旅行で『銀河鉄道の夜』の着想を得たと言われています。

稚内でのボーダーツーリズムの特徴の一つとして、肉眼で対岸のサハリンをはっきりと眺望できる立地と、現在も航路が運航されている点などがあげられます。これらに関していくつか、おすすめの場所をご紹介いたします。まず一つ目としては、日本最北端の碑がある宗谷岬です。ここからサハリン最南端クリリオン岬までは約四三キロと、サハリンの島影がはっきりと肉眼で見えます。また岬周辺には、宮沢賢治が樺太航路に乗船し樺太に到着するまでに作詞した詩が刻まれた文学碑も残されています。二つ目として、市街地の高台に位置する稚内公園です。公園内には、野外彫刻家として著名な本郷新が製作した「氷雪の門」(正式名称：樺太島民慰霊碑)が建立されており、同碑からも、サハリンの島影を眺めることができます。また公園内には、稚内市開基百年記念塔(稚内市北方記念館)があり、同館では樺太の写真や地図の他、樺太の歴史に関する資料を見学することができます。

最後に「樺太航路」に係る建造物である「稚内港北防波堤ドーム」をご紹介いたします。この建造物は半アーチ形のデザインで古代ローマの建造物を彷彿させる特徴的な構造となっています。戦前、多くの日本人がこの場所から樺太に旅立ち、そして戦後、樺太から引き揚げてきた場所です。現在ドーム周辺は、公園として整備され、多くの方々が観光で訪れるとともに、年間を通して市民が利用する、稚内を代表する建造物と言えるでしょう。

稚内に残る歴史的建造物や、樺太に関する記念碑や資料に触れながら、対岸のサハリン・ロシアと北海道・日本とのつながりについて、夏季でも冷涼な日本最北の地で感じてみる。そんなボーダーツーリズムはいかがでしょうか。

（稚内市・斉藤譲一）

「国境のまち」で暮らす

稚内のような「国境」に接する小さなまちで暮らすというのは、どういうことか。サハリンに隣接する地域という意味合いを、改めて考えてみることとした。「サハリン課」という極めて稀な名称を持つ部署で仕事をしている身として、世界地図を意識することは割と多い。極東の北方海域を中心とする地域のあたりを指し示す地図を眺めながら、私の意識は、ある思いへと向かう。

さかのぼること一〇年前の二〇〇七年。この年は、宗谷海峡、国際的にはラペルーズ海峡と呼ばれているこの海峡を、その名称の元となったラペルーズ提督が西洋人として初めて通過してから二二〇年目の年であった。

だが、そんなことは、日本では全然知られていなかった。稚内市では翌年の二〇〇八年に市制施行、開港六〇年を迎えるにあたり、当時、様々な記念事業を計画していたが、そのような中、ひょんなことから、この「壮大な話」は持ち上がったのだった。

この話の中心となったのがジャック・ボダン氏。元フランス海軍大佐である氏は、ラペルーズの出身地であるフランス・アルビ市に本拠を置く「ラペルーズ協会」の会員である。この協会は、偉大なフラ

ラ・ペルーズ記念碑（仏フリゲート艦と海上自衛隊護衛艦が並走。ボダン氏提供）

ンス人航海者であるラペルーズ提督の事績を顕彰するべく、世界中に記念碑を設立したり、講演会を開催したりと、熱心な活動を展開していた。

当時、稚内における「間宮林蔵顕彰会」の田上俊三会長が、種々の経緯からボダン氏とかねて親交があり、両氏間での交流が進む中、ラペルーズ提督が海峡を「発見」して二二〇年目の二〇〇七年に、同海峡を望む宗谷岬上に記念碑を設立し、記念式典を執り行う、という話が浮上した。

この話が決定して以降の、フランス側の熱の入りようは尋常ではなかった。なにしろ、在日フランス大使夫妻、国防武官をはじめ、わざわざフランスからラペルーズ協会長、ラペルーズ提督の末裔であるラペルーズ氏など大勢の方々が、記念式典に参加すべく、この小さなまちを訪れることとなったのだ。ボダン氏に至っては、記念式典に合わせ入港することとなったフランス軍艦「ヴァンデミエール号」に自ら乗り込み、舳の先頭で手を振りながら稚内港へ着岸したのだった。

私は当時、サハリン課ではなく他の部署に所属しており、この式典に関わっていたが、自分のまちを取り巻くこの「海峡」への他国の方々の思いの強さを目の当たりにしたことで、翻って自分自身の認識のなさを思い、それまで特段意識することのなかった、この地域の地政学的、歴史的特異性について、これ以降、様々に思いをめぐらす契機となった。

あれから一〇年。ラペルーズに関係するフランスの方々との個人的交流は続き、私共夫妻にとって、彼らは生涯にわたるかけがえのない友人たちと考えている。そして私は数年前からサハリン課所属となり、この海峡を往来する船舶や、ロシア人の方々との交流全般に携わることとなっている。

そのような中、わざわざサハリンの南端クリリオン岬へ足を運び、かつてラペルーズ提督が海峡通過の際の目印とした利尻山をはるかに望むフランス人が今もいることに思いをはせる。「サハリン」とは、現在のロシア連邦だけの物語ではない。日本を含む世界の歴史の集積が、この海峡に渦巻いているのだ。そのようなことを、一〇年前の式典の際、宗谷岬上で鳴り響いた軍楽隊の「ラ・マルセイエーズ」を思い起しながら、時々考えている。二〇一七年は、この地域にとって、どのような年になるだろうか。

（稚内市・三谷将）

一五年前からボーダーツーリズム

北都観光株式会社は一五年前からフェリーで国境を越えるサハリン旅行を手掛けてきました。サハリンの旅行会社との、そして日本、ロシア双方の渡航するお客様と信頼関係を築き、安心安全をモットーにしてきました。

サハリンの魅力としては、樺太統治時代の建物やグルメ、アクティビティはもちろん、間宮林蔵、宮沢賢治やチェーホフなど、歴史や文学の記念館や足跡があります。もちろん、日本人のサハリン旅行だけでなく、サハリンから稚内へ渡航するロシア人もたくさんいるので、例えば弊社が契約している携帯電話を貸し出すなど在日中のケアを含めて稚内、北海道の魅力を伝えるべく旅行をプランニングしてきました。

そんな中で、夏休み中、高校生のホームステイ交流をはじめ、スポーツやバイオリン演奏などの文化交流、サハリンのお客様が現地では手に入りにくい紙オムツやサプリメントなど日用品を買っていく経済交流も見られました。

距離にして四三キロ。国境を越え、そこで景色はもちろん、文化や経済がガラリと変わる。この短い距離で国境をまたぎ、文化・経済の交流が行われるボーダーツーリズムに可能性を感じていました。

サハリンから引き揚げられたお墓参り目的のお客さまはご高齢なので、安心安全に細心の注意を払ったプランを作成し喜んでいただき、特別に列車をチャーターし南サハリンをめぐる観光や珍しい場所のご案内、一泊二日のサハリン弾丸ツアーなど、企画開発もしながら一五年やってきました。おかげさまで徐々にではありますが利用者も増加し、年齢層も二十〜八十代までと幅広いお客様に喜ばれてきました。

が、ここで大きな課題が生まれました。二〇一六年にハートランドフェリー株式会社がサハリン定期航路から撤退し、フェリーが運航されなくなりました。

築き上げた信頼関係はそのままに、千歳からのサハリン旅行を企画実施しましたが、お互いの国から陸を確認しながら、コルサコフと稚内が互いに玄関口となり、街と街での文化・経済の交流というミクロな視点、濃密な交流の可能性、その上での北海道とサハリン州、日本とロシアとの文化、経済などの交流というマクロな視点につながる可能性のあるボーダーツーリズムの要素はそこにはありません。

観光という視点はもちろんですが、街と街との濃密な文化や経済の交流の活発化、発着時間の正確さや安全面の確保が前提で、今後六月から九月までの四カ月間、あるいは通年でフェリーの運航を可能にすることを考える必要があるのではと考えています。

（北都観光・米田正博）

第三章　沖縄・八重山と台湾への挑戦

島田　龍

ボーダーツーリズムとは

ボーダーツーリズムは、全国各地で取り組んできたモニターツアーやセミナーが実を結び、はしがきでも触れられたように『現代用語の基礎知識二〇一六』に「時代・流行」の世相語として取り上げられるまでになった。筆者はこれまで、一般向けのセミナーや講演会などでこれを紹介する際、「ボーダーツーリズムには三つのかたちがある」と紹介してきた。その三つというのが、境界を①見る、②渡る、③併せ見るである。

まず一番目の「見る」ボーダーツーリズムについて、最もわかりやすい実践例は韓国と北朝鮮の軍事境界線上にある板門店であろう。板門店では、朝鮮戦争停戦のための軍事境界線を隔てて韓国（国連軍）と北朝鮮の兵士が顔を合わせて警備しており、この様子を韓国側、北朝鮮側の双方から見学することが可能である。もちろん、この境界線を越えて観光することは許されておらず、観光客はいずれかの側から反対側を眺めるということを行っている。また、境界線のような目に見えるものを見る以外にも、境界地域ならではの現象を体験する（隣国の電波を受信する、隣国の人が行き交う様子を見物する）ことも魅力となるだろう。このように、境界地域を訪れ、境界地域ならではの体験をすることが第一のかたちである。

二番目の「渡る」ボーダーツーリズムは、最もイメージしやすいものであろう。陸続きの国境を持たない日本では一般的ではないが、陸続きの大陸ではごく一般的に行われている旅行スタイルである。平和な国境地域であれば、国境線が地面に引かれたりそれを示す看板が立っていたりして、国境線をまたぎながら記念写真を撮影するような旅行者がひっきりなしに訪れる。例えば、シンガポールとマレーシアの国境のまちジョホールバルの間には路線バスが運行しており、往復五〇〇円もかからずに国境越えが楽しめる。シンガポールを訪れた旅行者が物価の安いマレーシアへと買い物目的で訪問するなど、出入国審査は大勢の旅行者と両都市の市民で賑わっている。このように、境界地域を渡り、両地域を同一行程で旅行するものが第二のかたちである。

最後の「併せ見る」ボーダーツーリズムについては、目に見えるボーダーがない地域では特に有効である。境界地域の文化について、境界の反対側の地域の文化と併せて見ることで、両地域の文化の共通点や相違点、変容の様子などを学ぶことができる。例えば、対馬・釜山では「朝鮮通信使」の歴史について両地域で解説を受けることができるが、その内容は両地域で異なるものとなっている。国が違うことで一つの事象について異なる見方があるということを学ぶことができるのである。

　こうした境界地域ならではの体験を切り口に新たな旅行魅力を創出し、それを目当てに境界地域を訪れる旅行者を増やすことで、観光産業を中心に地域経済の活性化へとつなげていくことがボーダーツーリズム推進の目的である。

　本章は、筆者が関わったボーダーツーリズムに関するこれまでの取り組みから、特に八重山・台湾でのボーダーツーリズムの実現に向けた取り組みに焦点を当て、今後の普及・展開に向けた課題を明らかにするものである。

対馬・釜山での成功から八重山・台湾へ

二〇一三年一二月、境界地域研究ネットワークJAPAN（JIBSN）に所属する九州経済調査協会（九経調）が中心となって日本初の国境観光モニターツアーが長崎県対馬と韓国釜山を舞台に実施された。募集した三〇名の参加枠は一週間足らずで埋まり、キャンセル待ちまで出たほどであった。実施後も参加者の感想はおおむね好評で、ボーダーツーリズムの定番化に向けた可能性と他地域への展開可能性を十分に感じ取ることができた次第である（第一章を参照）。対馬・釜山での成果を抱えて各地で成果報告を行っていたところ、竹富町企画財政課の小濱啓由係長（当時）から八重山・台湾での展開ができないかと相談を受けたのが八重山・台湾ボーダーツーリズムの始まりである。対馬・釜山から二カ月後、二〇一四年二月のことであった。

小濱氏から相談を受けた当初、筆者は対馬・釜山のノウハウをもとに簡単にツアーを企画・実施できるものと考えており、二つ返事で協力を快諾したのであるが、実際には実施まで二年以上を要する大掛かりな事業となった。本章は、八重山・台湾ボーダーツーリズムの実現に向けての取り組みをまとめることで、ボーダーツーリズムの普及・展開に向けた課題を共有し、他地域でのボーダーツーリズム展開の一助となることを目指したものである。

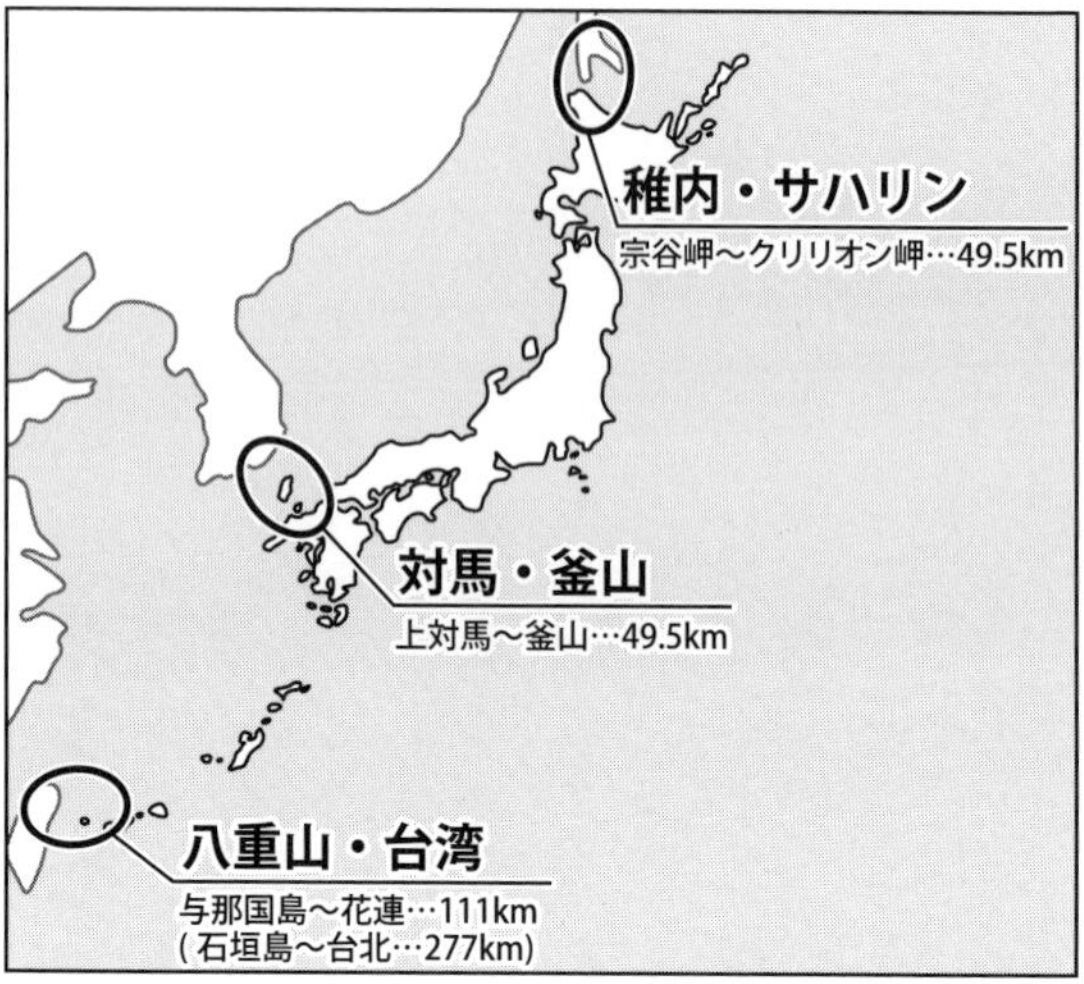

ボーダーツーリズムに取り組む３地域の隣国との距離関係

対馬・釜山と八重山・台湾の違い

対馬・釜山ボーダーツーリズムが順風満帆であったのに対し、八重山・台湾ボーダーツーリズムの実現に二年以上も費やしたのには理由がある。どちらも境界地域であるとはいえ、隣国との距離が大きく異なるのである。前者の最短距離が約五〇キロであるのに対し、後者は日本最西端の与那国島と台湾東部の花蓮で一〇〇キロ超と倍以上も離れている。さらに、与那国島から台湾に直接渡れる定期航路はないため、実際にはさらに台湾から離れた石垣島を基点に行程を組み立てることになる。つまり、対馬・釜山に比べて八重山・台湾は隣国との目に見えるつながりが希薄であり、その分だけ「両地域をあわせて訪れたくなるコンテンツ」を考えるための綿密な仕込みが必要であったことが最大の理由である。

対馬・釜山ボーダーツーリズムの企画を始めた際に旅行会社から指摘を受けたのが、単純に国内と海外をつないで旅行するだけでは一つの商品として成立しないという点である。両地域の魅力をしっかりと分析した上で融合させなければ、魅力の異なる二つの地域を訪れることになり、集客するのが非常に難しくなってしまう。対馬・釜山のケースでは対馬の魅力である自然・歴史を「パワースポット」として括ることで、釜山の魅力であるグルメ・ショッピング・美容・韓流というコンテンツと融合することができ、女性をターゲットにしたツアーとして企画することができた。八重山・台湾でも同様に両地域の魅力を融合することができるコンセプトを考えることが当初の課題であった。

共同研究の始動

八重山・台湾ボーダーツーリズムの実現を目指し竹富町からアプローチをいただいたことを契機に、竹富町と九経調との共同研究が二〇一四年度よりスタートした。小濱氏が所属する企画財政課だけでなく、観光振興につながる内容であるため商工観光課も巻き込み、八重山地域内でボーダーツーリズムにつながるコンテンツとしてどんなものが考えられるかのブレーンストーミングが進められた。

企画の検討とともに精力的に進めたのが地域関係者の巻き込みである。六月には、小濱氏の取りなしで地元経済界の代表である八重山経済人会議の大浜一郎代表幹事を紹介いただき、企画の意図や目的を説明させていただいた。現在、八重山と台湾の間のアクセスは石垣―台北間を台湾の航空会社であるチャイナエアライン(中華航空)が就航しているが、夏期限定の運航であり運航本数も週二往復と十分であるとは言えない。地元経済界でも八重山・台湾間の交流促進のため航路の通年運航やデイリー運航を目指しており、ボーダーツーリズムの取り組みがこうした動きにも寄与できるものであるため、大浜氏には取り組みに大いに賛同いただくことができた。

次に巻き込みを図ったのが航空会社である。大浜氏によると、中華航空の石垣―台北便は、夏期運航期間中は搭乗率が八〇%を超えるほどの人気路線であり、台湾側の旅行会社が座席の大部分を押さえているために予約が非常に難しいということであった。そこで、大浜氏にも同行いただき、那覇にある中華航空沖縄支店を訪問し、支店長をはじめとした方々に取り組み内容をプレゼンするとともに取り組みへの協力を依頼した。中華航空によると、現在ほぼ満席で運航している石垣―台北便の九割以上は台湾人の乗客であり、日本から台湾へ向かう足としてはほぼ活用されていないそうである。台湾人の乗客はほとんどがリゾートである沖縄への訪問が目的であり、そのためリゾートの魅力が薄れる夏以外は台湾人の利用ニーズが一気に少なくなり、結果として夏期限定の運航にとどまっているとのことであった。ボーダーツーリズムの取り組みが日本側から台湾への送客につながるものでもあり、かつ季節性がなく通年で楽しめるコンテンツでもあることから、同路線の課題を解決できる可能性を秘めた取り組みであると歓迎いただくとともに、座席の確保などできるかぎりの協力をしていただくこととなった。

中華航空には、後に言葉どおりの大きなチャレンジをしていただくこととなる。当初、二〇一四年も一〇月末の夏期運航スケジュールをもって来春まで運休の見通しであったものが、沖縄支店から台湾本部への働きかけにより、試験的に冬期も継続運航していただくこととなったのだ。筆者も、この冬期運航期間を絶好の機会として八重山・台湾ボーダーツーリズムのモニターツアー（実証実験）を企画・実施することとしたのだが、予想以上に搭乗率が芳しくなかったことが原因だろうか、冬期運航一カ月程度で一二月初旬をもっての運休が決定してしまった。もちろん、我々の取り組みの存在だけが理由で冬期運航継続を決断いただいたわけではないだろうが、通年化に向けてチャレンジいただいたことは大変心強いサポートとなった。

中華航空の石垣─台北便が冬期運休となってしまったことで、モニターツアーの実施は早くても二〇一五年春以降に持ち越しとなった。そこで、ボーダーツーリズムに関するコンテンツをさらに深掘りするため、二〇一五年三月に筆者を含む境界研究者三名による八重山・台湾両地域での事前調査を行った。八重山では戦前に台湾人坑夫が多く働いていた西表《いりおもて》島のウタラ炭鉱跡、台湾人が八重山に入植した際に開墾用に持ち込んだとされる水牛を活用した由布《ゆふ》島や竹富島の水牛車観光、

名蔵ダムにある台湾農業者入植記念碑

台湾人入植者がつくった集落で今も台湾の伝統行事が多く残る西表島の名蔵《なぐら》集落などを訪問した。一方、台湾では琉球漁民の慰霊碑が建立されている基隆の和平島、日本統治時代の面影を色濃く残す台湾の代表的観光地である九份などを訪れたが、さらなる情報収集のために国立台北教育大学の何義麟副教授、石垣市台北駐在員（当時）の小笹俊太郎氏のもとを訪問し、台湾側から見た八重山とのつながりについてご教示いただいた。

二年目の挑戦

二年目は、モニターツアーの企画・実施主体となるパートナー（旅行会社）を探すことからスタートした。ボーダーツーリズムでは国境を挟む両地域を合わせて訪問することが一つの魅力となるが、これを一つの旅行商品として販売することは旅行会社にとって積極的に取り組みにくいという問題がある。ただ、その理由は法規制ではない。国内事業部と海外事業部が別会社のように存在する大手旅行会社にとって、両事業部をまたぐ商品というのは、利益配分の問題や異なる予約端末の問題など、単純に〝厄介〟な商品なのだそうだ。問題が法規制でないのであれば、そこにビジネスチャンスを見出すことができれば旅行会社を巻き込むことは可能である。幸いにも、対馬・釜山のモニターツアーを実施したことで、ANAセールスの伊豆芳人顧問(当時)からの賛同を得ることができた。伊豆氏の取り計らいで、六月には一般旅行者向けのボーダーツーリズムに関するセミナーを東京で開催することができたほか、実質的なパートナーとしてANAの専売旅行会社であるビッグホリデーを紹介いただいた。ビッグホリデーは大手旅行会社であるにもかかわらず新たなチャレンジに意欲的で、我々が進めるボーダーツーリズムの取り組みにも大いに賛同してくださった。

ここで旅行会社を「パートナー」と書いたのには大きな意味がある。旅行会社を「コントラクター(受注者)」として位置付けると巻き込むのは容易になるが、それでは旅行会社にとって我々は「クライアント」にしかならない。旅行の契約形態でいう「手配旅行」として発注することになり、旅行内容を発注者自身が企画し、参加者も自前で集め、必要な手配のみを旅行会社が行うといったやり方である。旅行会社にとっては集客を行う必要がないため定員割れによる催行中止のおそれがなく、リスクをとらない関わり方となる。これでは、旅行会社は「待ち」の姿勢になってしまい、ビジネスチャンスを見出すことはできないのではないかと思料する。そのため、あくまでもボーダーツーリズムという新たな旅行コンセプトを広めていくための「パートナー」として協業していく必要があるのだ。ビッグホリデーには、モニターツアーとはいえあくまでも「企画旅行」として旅行内容の検討から参加者の募集まで責任を持って関わっていただくことをお願いした。

二年目に入っても地域の巻き込みは引き続き続く。五月には石垣市役所を訪問し、中山義隆市長との面談を果たした。取り組み内容に理解をいただき、石垣市からもツアー実施に向けた協力をしていただけることとなった。さらに、竹富町・小濱氏の紹介で地元の新聞である八重山毎日新聞の松田良孝記者(当時)とお会いすることができた。松田氏は八重山と台湾のつながりについて取材を続ける第一人者であり、『八重山の台湾人』や『石垣島で台湾を歩く』など関連する著作も多く出版されている。企画概要を説明したところ、取り組み趣旨や目的に大いに賛同いただき、ツアーでのガイド役を引き受けることを申し出てくださった。また、ツアーの行程づくりにも協力いただけることとなった。松田氏の参画をもって八重山・台湾ボーダーツーリズムの取り組みは一層の深化が図れたと言っても過言ではない。

石垣市役所と松田氏のサポートを得たことで、より深く面白いボーダーツーリズムのコンテンツを企画する体制が整った。そこで、さらなる魅力的なコンテンツを探すため、二度目の事前調査を行うこととなった。メンバーは松田氏、最初の事前調査の際に面識を得た石垣市台北駐在員の小笹氏、竹富町から小濱氏の後任としてボーダーツーリズムの共同研究に関わる岸本将希氏、そして筆者の合計四名である。今回の事前調査では、八重山を訪問せず台湾のみを重点的に回ることとした。台北市内では日本統治時代に八重山からの移住者も通っていた小学校跡をリノベーションした現代美術館である台北当代芸術館、日本統治時代の酒造工場跡や煙草工場跡をリノベーションして現代文化の集積拠点として賑わいを見せる華山一九一四文化創意産業園區、松山文創園区などを訪問し

台北当代芸術館

た。台北の最新文化は小笠氏の得意分野であり、八重山とのつながりを松田氏が解説するのと合わせて小笠氏が現在の様子を解説するという重層的なガイドが提供できることとなった。その他、原住民文化と温泉が残る烏来《ウーライ》、与那国町の姉妹都市である花蓮、石垣市の姉妹都市である蘇澳《スオウ》なども訪問した。その結果、花蓮や蘇澳など台湾東部も八重山とのつながりを各所で実感でき非常に魅力的であったが、台北から離れすぎており、八重山・台湾を同時に訪問する行程では組み込みにくいことがわかった。

最初のツアー募集、そして失敗

地域の巻き込みと綿密な企画検討を経て、いよいよ旅行商品を造成し参加者を募集する段階に至ったのは二〇一五年八月末のことである。これまでのモニターツアーでは我々境界研究者が活動拠点を有する福岡や北海道を参加者のターゲットと想定していたため、募集も福岡や北海道で行うことができた。今回はより純粋な一般旅行者を対象にしようと考え、東京の一般旅行者をターゲットに募集を行うこととしたのだが、結果的にはこれが大失敗となり、最少催行人員を集めきれずツアーが中止となって

集客ができなかった最初のツアー募集チラシ

しまった。中華航空の夏期運航最終便が一〇月末であり、この最終便を利用することを前提に商品造成・募集を行うと、募集の締め切りは出発二一日前の一〇月初旬となる。実質一カ月の募集期間で一般旅行者を集めることになったのだが、当初の目論見ではこの短期間でも集められるだろうと楽観的に考えていた。その理由は、メディアでの情報発信を活用できると踏んでいたからである。冒頭述べたように、対馬・釜山で実施した日本初の国境観光モニターツアーでは、募集から一週間足らずで募集人員に達したのであるが、この最大の要因は、地元新聞社による情報発信である。地元ブロック紙がボーダーツーリズムの取り組みとモニターツアー募集を取り上げたところ、新聞掲載日の午前中に申し込みが殺到しあっという間に完売した経緯があった。東京でも同様にメディアを活用した情報発信に期待していたのだが、残念ながらそううまくはいかなかった。普段から付き合いの深いメディアがある福岡や北海道と異なり、東京では付き合いの浅いメディアに対して情報を売り込まないといけないのである。幸いにも多忙な時間を縫って話を聞いてくださるメディアは少なくなかったが、モニターツアーの参加者募集という宣伝要素が強いこともあり、結果的には掲載までこぎつけられたメディアは皆無であった。その他、在京関係機関でのパンフレット配布、新聞折り込みの実施など取り組んでみたものの、最終的にツアー実施の最少催行人員を確保することができず中止となった次第である。

八重山・台湾ボーダーツーリズムの実施

二年目にツアーが実施できなかったため、中華航空の運航再開を待って三年目にツアー実施を目指すこととなった。事前にツアー内容の綿密な検討を行い、さらにコンテンツの磨き上げを行った。特に目指したのは、将来的なツアーの定番商品化を見据えてアカデミックツアーに特化した内容とならないことである。小笠氏やビッグホリデーの担当者が企画検討に関わることで、売れる旅行商品としての可能性も探りながらコンテンツの磨き上げを行うことができた。二〇一六年六月二日から六日までの五日間の行程で企画された八重山・台湾ボーダーツーリズムは限定一五名で三月に募集を開始し、早々に最少催行人員を満たしてツアーの実施が決定した。最終的には筆者含めて一一名の参加者でツアーが実施された(参加者が確定した後、一部の参加者にキャンセルが生じてしまったため)。福岡発着にもかかわらず、参加者は北海道、東京都、静岡県、島根県など全国各地から集まった。ツアーにはスペシャルガイドとして松田氏と小笠氏に同行いただいた。松田氏が全行程でガイド役を行い、台湾では小笠氏も加

石垣島にある台湾同郷墓地で台湾とのつながりについて解説する松田氏

わった充実したガイド体制を提供することができた。八重山・台湾ボーダーツーリズム一行が辿った行程は以下のとおりである。

六月二日、福岡空港を早朝に出発した飛行機は那覇を経由して午前中に石垣空港へ到着、そこから石垣市役所が用意したマイクロバスに乗り込み石垣港を目指した。石垣港には毎週火・木曜日に台湾からの大型クルーズ船が入港し、その日は街中に台湾人観光客が多く見られる。韓国人観光客で賑わう対馬と同様、境界地域ならではの光景であり、今回のツアーでもその様子を間近で見ることをコンテンツに加えた。午後からは松田氏の案内で石垣市内の二軒のお宅を訪問した。八重山で数少ない仏壇をつくることができる指物師のお宅と戦前の台湾移住経験者のお宅であり、松田氏がインタビュアーとなって貴重な話をうかがうことができた。その後、石垣港から船に乗り竹富島へ向かった。竹富島では戦前に台湾人入植者が八重山に持ち込んだ水牛を活用した「水牛車観光」を堪能した。

台湾からの大型クルーズ船

翌日は竹富島から西表島へと船で渡り、戦前に台湾人坑夫が多く働いていた西表島のウタラ炭鉱跡へと向かった。

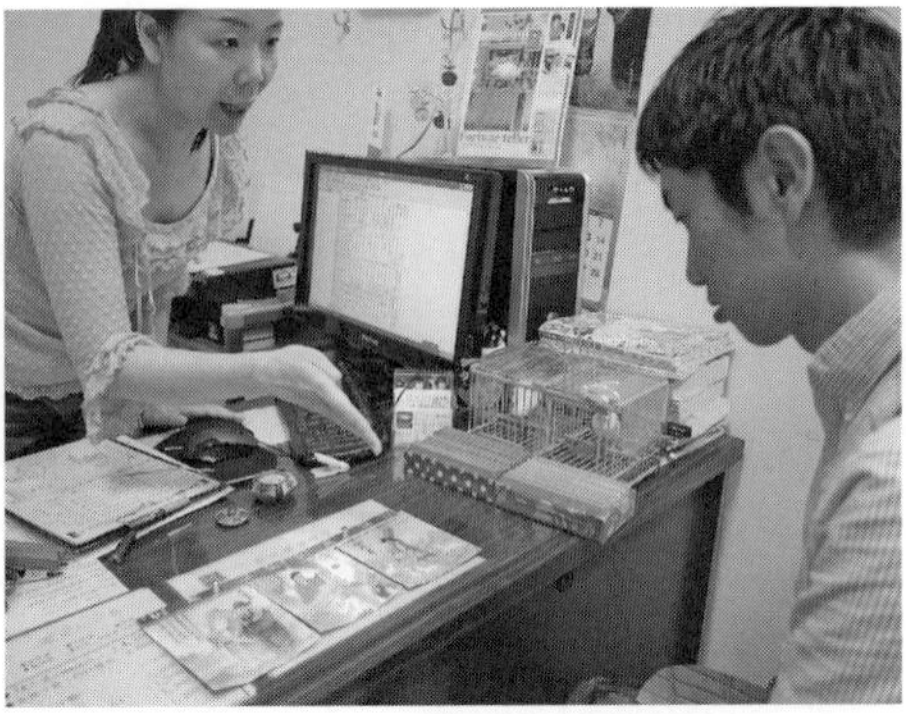

占い体験

今回のツアーでは炭鉱跡までをカヤックを使って訪問した。マングローブ林をカヤックで渡る体験は西表島の代表的なマリンアクティビティの一つであり、ボーダーツーリズムのコンテンツと組み合わせることでより一般受けするコンテンツづくりを狙ったものである。夜は西表島の中でも最も伝統文化が色濃く残る集落の一つである祖納《そない》集落で歓迎式典を開いていただき、八重山固有の踊りや歌を披露いただいた。

三日目は西表島から石垣島に戻り、午前中に島内の台湾人合同墓地を見学、その後台湾人二世の男性が営むパイン・マンゴー農園を訪れた。昼食後に石垣空港へと向かい、定刻一四時三〇分発の中華航空一二五便に搭乗し台北桃園空港を目指した。台北桃園空港到着後、一行は息つく間もなく用意されていた観光バスに乗り込み台北市内を目指した。台北では台湾で根付く占い文化を見るために龍山寺とその近くの占い広場を訪問、参加者は様々な占いを見たり実際に体験したりした。夜は台湾グルメで真っ先に思い浮かぶ小籠包や牛肉麺ではなく、八重山の長寿食と対比させる狙いで台湾伝統のベジタリアンフード「素食」のコース料理を味わった。

翌日は台北近郊の温泉地である烏来へ。台湾原住民の一つであるタイヤル族の料理と踊りを堪能した後、川沿いに設けられた露天温泉で足湯に浸かった。台北に戻った後は八重山で会った台湾移住経験者が幼少時に通っていた小学校跡をリノベーションした台北当代芸術館と日本統治時代の酒造工場跡をリノベーションした華山一九一四文化創意産業園區を訪問した。こうした台北の現代文化の解説では小笹氏のガイドが冴え渡った。

最終日は港町である基隆へ。初日に石垣港で見学した台湾からのクルーズ船は基隆港から出港したものである。かつては砲台が築かれていた獅球嶺を訪問し、日本統治時代には八重山から多くの人々が台湾に渡ってきた玄関口として、今は年間一〇万人以上が八重山を訪れる台湾人クルーズの出発点として使われる基隆港を見学した。旅の最後は同じく基隆の和平島へ。日本統治時代には社寮島と呼ばれた小島であり、沖縄からやってきた漁民が暮らしていた集落があった島として知られている。現在は琉球漁民の慰霊碑が建てられた公園内で松田氏の解説を聞き、桃園空港へと戻った。帰りは桃園空港から中華航空の直航便で福岡へと戻り、八重山・台湾ボーダーツーリズムの全行程は終了した。五日間で八重山と台湾を合わせて旅行する行程は少し駆け足気味で、道中では大小様々なハプニングも生じたが、総じて参加者の満足度は高かったようであり、八重山・台湾ルートの普及促進に向けて大きな弾みとなった（本ツアーの行程や旅行記についてはＪＩＢＳＮのホームページを参照）。

石垣島で台湾２世のパイン農家から話をうかがう

ウタラ炭坑跡までのカヤック体験

ツアーで設定した四つのキーワード

ツアー内容の説明といささか重複するかもしれないが、「両地域の文化の共通点を探す旅」と銘打って実施した本ツアーのキーワードを説明しておきたい。それは四つに整理される。まず一点目は「パイナップル」である。現在、八重山の代表的なフルーツとして観光客にも認知されるパイナップルであるが、もともとは戦前に台湾人実業家が石垣島にパイン製造会社を設立し、台湾人を移住させてつくりはじめたものである。石垣市名蔵・嵩田《たけだ》地区には台湾移住者や二世三世が今も多く住んでおり、入植記念碑や台湾人墓地なども島に残る。ツアーでは、石垣市に住む台湾二世のパイン農家を訪問し、昔の話や台湾への思いなどをうかがった。

二点目は「水牛」である。由布島や竹富島の水牛車観光は八重山観光の代表的な観光コンテンツの一つであるが、この水牛は上記で移住してきた台湾人が持ち込んだものであり、もとは農耕用に使われていたが、今は観光用に活用されているものである。

三点目は「人の往来」である。台湾から八重山への往来は、パイナップルで述べた農業入植者の他、八重山の炭鉱でも台湾人坑夫は働いていたという関わりがある。西表島にあるウタラ炭坑跡は、経済産業省の近代化産業遺産に登録され、カヤックを使ってマングローブ林を抜けて訪れるコースは西表島を象徴する観光コースとなっており、本ツアーでもカヤック体験と炭坑跡の紹介を組み合わせて提供した。また、台北市内の台北当代芸術館は日本統治時代に小学校であった建物をリノベーションして現代美術館として活用しているものである。本ツアーでは、石垣島で日本統治時代にこの小学校に通っていた方に当時の話を聞き、台湾に渡った後で実際に美術館を訪問することでつながりを実感した。戦前からのつながりだけでなく、現在のつながりについても本ツアーで感じることができた。人口約五万人の石垣島に年間一〇万人以上が押し寄せる台湾クルーズ船の石垣港への寄港風景を観察した後、台湾ではクルーズ船の出発港である基隆港を見学した。今回は実際に

起 From 飛行時間 Flight Time	班號 Flight No.	飛行日 Day of Operation 適用期間 Period of Service	啟程 Dep.		到達 Arr.	訖 To
高松 TAKAMATSU (2:40)	CI 279	1・・・5・・	11:35	738 ✈	13:15	台北 TAIPEI
	CI 179	・・34・67	19:05	738 ✈	20:45	
福岡 FUKUOKA (2:10/2:35)	CI 111	Daily	10:55	333 ✈	12:30	
	CI 117	Daily	21:00	333 ✈	22:10	
宮崎 MIYAZAKI (2:15)	CI 115	1・3・・6・	18:35	738 ✈	19:50	
鹿児島 KAGOSHIMA (2:10)	CI 119	・2・45・7	12:20	738 ✈	13:30	
琉球 OKINAWA (1:25/1:40)	CI 121	Daily	11:45	744 333 ✈	12:25	
	CI 123	Daily	20:50	744 ✈	21:15	
石垣 ISHIGAKI (0:55)	CI 125	・・3・・6・	14:30	738 ✈	14:25	

石垣―台北便の時刻表

基隆港に停泊しているクルーズ船を見ることはできなかったが、スケジュールを調整すれば、石垣・基隆両港で見ることも可能である。

四点目は「時間」である。日本と台湾の時差は一時間であり、飛行機で石垣から台北に向かうと所要時間は五五分となる。このため、石垣空港を一四時三〇分に出発した飛行機は台北桃園空港に一四時二五分に到着し、時計を五分間巻き戻す体験が発生した。距離的には近くにありながら国が異なるために生じるものであり、境界地域ならではの貴重な体験であった。

共通項探しだけでなく、文化の対比もあわせて行った。代表的なものは「踊り」である。八重山・台湾両地域では独自の伝統芸能が残っており、八重山では西表島・祖納集落の伝統芸能を、台湾では原住民族であるタイヤル族の踊りを鑑賞した。小笠氏の言葉を借りれば、八重山は農耕民族ならではの「静」の踊りであるのに対し、台湾は狩猟民族ならではの「動」の踊りである。地に足が着いた八重山の踊りと激しく飛び跳ねる台湾の踊り、距離的には近接した両地域であるが、国が違うことで文化が異なるということを実感できるのも

西表島・祖納集落で催された地域住民による伝統芸能の鑑賞

ボーダーツーリズムの魅力である。踊りの動き、音楽のテンポ、合いの手など、違いは一目瞭然であった。

普及・展開に向けた課題

二年以上にも及ぶ八重山・台湾での取り組みを通じ、ボーダーツーリズムの普及・展開に向けた課題が明確に浮かび上がってきた。課題は大きく三点である。

まず一点目は、「ツアー実施に向けたパートナーの確保」である。これまで色々な旅行会社にアプローチを試みてきた結果、上層部の方々に趣旨を理解いただくことはできても、実際にツアーを造成する担当者レベルの協力が得られないということが往々にしてあった。今回は幸いにもビッグホリデーの担当者に積極的に参画いただくことが叶ったわけだが、ボーダーツーリズムのフィールド、またツアーのターゲットに応じてパートナーとなる旅行会社を確保することが必要である。また、航空会社もパートナーとして巻き込むことが肝要だ。航空会社が旅行会社に卸す団体商品向け航空券は格安である反面、「往復利用が必須」「同一ツアー内での国際線と国内線の利用禁止」など条件が厳しく、正規のルートで商品造成すると一般に普及できるような価格には到底収まらない。ただ、これらのルールは法規制ではなくあくまでもビジネス上のルールであり、航空会社の理解・協力が得られれば解決は可能であると思料する。

二点目は、「一般旅行者に向けた情報発信方法の検討」である。二年目のツアー催行中止はまさしく情報発信の失敗であった。メディアにおける情報発信方法の検討も必要であるが、もう一方で旅行会社による情報発信方法も考える必要がある。旅行会社の窓口と言えば、店内に所狭しと並べられた旅行のパンフレットが想像できるが、実は今回のようなツアーのパンフレットは店頭に並べてもらえないことが多い。定番商品(期間中に何度も催行されるもの)が大部分を占めており、一回限りの単発商品はスペースがほとんど用意されていない。さらにコンセプトが浸透していない点、国内旅行・海外旅行どちらの所管か判断できない点なども加わると、店頭に並ぶ可能性は限りなく低い。そのため、旅行会社で情報発信できる可能性があるとすれば、新聞や顧客向けのダイレクトメールで募集する「メディア販売」というやり方である。ただ、やはりボーダーツーリズムの言葉自体が浸透していない現状では一般参加者を集めるのが厳しいことは想像に難くない。そこで、理念に共感してくれる旅行会社を集め、ボーダーツーリズムの推進協議会のようなものを組織することはできないだろうか。メンバーの旅行会社同士で、例えばA社が企画したボーダーツーリズム関連の旅行商品を、B社C社でも宣伝・代売できれば、各社の商品の数の少なさを補うことができ、かつ多くの旅行者に情報発信することができるのではないか。この試みが、伊豆氏やビッグホリデーのイニシャティブにより、本書の中でも触れられているボーダーツーリズム協議会への設立とつながる。

最後に三点目として、「地域内関係者への周知、協力体制の構築」である。例えば今回の八重山・台湾ツアーにおける石垣島でのインタビュー、祖納集落での伝統芸能鑑賞などはこれまで観光コンテンツとして扱われてきたものではなかった。これらを組み込むことで高付加価値なボーダーツーリズムのコンテンツを充実させることが肝要である。ただ、これまで観光コンテンツとして提供されていないものを組み込むことは容易ではない。既存の観光コンテンツではないため旅行会社が内容を把握しておらず手配が容易でないことに加え、内容によっては観光商品として扱われることへの拒否反応を示されるケースも十分に考えられる。こうしたことを解決するためにも地域の協力者を増やしながら徐々に巻き込んでいくことが求められる。今回の小濱氏、松田氏、小笹氏のように地域の方々にツアーの企画から地域への根回しまで関わっていただくことが最良であろう。

いわゆる国境離島新法の成立により、ボーダーツーリズムのフィールドとなる境界地域の振興に関する取り組みには行政からの大きな後押しが期待できる。ボーダーツーリズムのコンセプトが浸透し、多くの旅行者がボーダーツーリズムを実践するようになれば、五島や隠岐、小笠原などの境界地域でも展開の可能性が生まれてくる。境界地域の振興につながるこの取り組みを今後も支えていきたい。

参考文献

国永美智子・野入直美・松田ヒロ子・松田良孝・水田憲志編著『石垣島で台湾を歩く』沖縄タイムス社、二〇一二年。

島田龍「八重山・台湾ボーダーツーリズムの展開――実現までの取組から見えてきた普及・展開への課題」『地理』古今書院、二〇一六年一〇月号。

松田良孝『八重山の台湾人』南山舎、二〇〇四年。

「有人国境離島地域の保全及び特定有人国境離島地域に係る地域社会の維持に関する特別措置法」二〇一六年四月二〇日成立、同月二七日公布。

与那国・花蓮チャーター便の想い出（二〇一一年五月一五日）

最西端の島、与那国島は、本土より一足早い梅雨を迎えていた。厚い雲の下、前日に「境界地域研究ネットワークＪＡＰＡＮ　与那国セミナー」を終えた一行は、第二部の開催地である台湾・花蓮に向けて移動を始めていた。ホテルから与那国空港までのわずかな間、バスの車窓からは、「歓迎・自衛隊誘致」「自衛隊誘致断固反対」ののぼりがはためき、当時、自衛隊の駐留をめぐる論争が島を二分していた。

与那国空港から国際チャーター便が飛ぶのは、今回が三回目だという。厚手の青いカーテンで仕切られた急ごしらえの出国審査場を通過すると、パスポートには、貴重な「ＹＯＮＡＧＵＮＩ」のスタンプが押された。

それから待つこと二時間余り、出発時間の大幅な遅延というアクシデントがあったものの、一行を乗せた復興航空ＧＥ六九〇一便ボンバルディア機は、無事、与那国空港を離陸し、花蓮へと飛び立った。与那国から花蓮までは、西に直線距離で一〇〇キロちょっと。ところが実際の飛行ルートは、航空管制上、位置通報点をつないで目的地に向かうため、一旦北上して西に向かう迂回ルートをとる。大きなロスだが、それが空のルールだ。以前は東に針路をとり、石垣島付近の位置通報点まで飛んだ後、踵を返すように台湾に向かっていたというから、無駄は大幅に軽減された。途中、天気が良ければ、「あの島」が見えるはずだったが、あいにくの天候で見ることは叶わなかった。

五〇分ほどのフライトを楽しんだ後、我々一行は花蓮空港に到着した。軍事空港であるため、滑走路

八重山の三首長・対馬市長・根室副市長が集結

の脇には軍用機を格納する掩体壕《えんたいごう》が点在する。日本人には新鮮な光景だ。入国審査を終えたロビーでは、市名のとおり蓮の花をイメージさせる濃いすみれ色の法被を来た市政府職員が、盛大なセレモニーで迎えてくれた。

一行は、セミナー会場であるホテルに向かった。旅装を解くとすぐに「境界地域研究ネットワークJAPAN　台湾セミナー」が始まった。活発な議論は、予定どおり二時間で終了し、日台交えての交流会へと移った。酒宴の席では、「もっと飲め、おれの酒が飲めないのか」と言わんばかりに執拗に酒を勧めてくる現地の歓待役にほとほとまいったが、友好的な雰囲気の中で、会は大いに盛り上がった。

海を挟んで向かい合う与那国町と花蓮市。両市町の姉妹都市交流は、三五年を数える。多くの姉妹都市が、時間の経過とともに交流の硬直化に陥っている。人口が少なく、定期路線のない両地域にとって、ハンディはあまりにも大きい。まずは人の往来を増やしたいところだ。今回の我々一行が、姉妹都市交流活性化のお役に立ったのであれば望外の喜びである。

（九州経済調査協会・加峯隆義）

石垣島に来る時はパスポートを

日本国内のお客さんが石垣・八重山に遊びに来て、直接国境を越えて台湾をめぐり、そのまま日本に戻る「トライアングル旅」のスタイルが少し現実に近づいた。今回の八重山・台湾ボーダーツーリズムの取り組みは、今までの単なるアイデアの段階を実際に形にするという点で、とても大きな意味があったと感じる。

日本の端っこにある石垣島・八重山諸島は、実は〝端っこ〟ではなく、その先に国際路線がいくつか存在している。現在、石垣—台湾間には、飛行機とクルーズ船がそれぞれ週二便(冬季を除く)。石垣—香港間は、週五便の飛行機が飛んでいる。

私の自宅とほんの一五分の距離の空港から、台湾や香港にダイレクトにつながっているのだ。しかも台湾までのフライトタイムは五五分。実際に飛んでいるのはわずか三〇分程度。那覇に行くよりも断然近いと感じる。

ただ課題もいくつかあり、飛行機の路線経営をより安定させるために、石垣島側から乗り込むお客さんを増やすことが一つの目標でもある。石垣島の人口はわずか五万人。石垣島から旅行や仕事で出発する数はたかがしれている。

そこで、年間一〇〇万人来る日本国内本土からのお客さんが、そのまま国境を越えて台湾や香港に渡る「国内＋国外旅行」という新しい価値が生まれれば解決策になるだろうと地元でもしばしば議論してきた。それが今回初めて形になったのだ。

今回の旅は、石垣・八重山の中に今も残る台湾の足跡、そして、台湾の中に残る八重山を辿るというテーマであった。当時、石垣市の台北駐在員であった私は、〝時間をさかのぼる旅〟（フライトタイムは五五分だが、時差が一時間あるので出発時刻から到着時刻が五分さかのぼる）を経験した参加者の皆さんを、台湾側で出迎えるところから途中参加した。旧日本統治時代に日本酒工場であった華山一九一四文化創意産業園區は、建物の外観こそ当時のままの装いを残しているが、中は新しい感覚でリノベーションされている。洗練されたデザイン産品が並ぶショップや、インディペンデントな映画館やライブハウス、カフェなど新しい文化の発信拠点となっている。かつてここにも八重山の人が働いていたという。時間と空間が交差する不思議な感覚だ。他にもいろいろユニークな発見があふれる旅であった。

今回は相互の歴史・文化や人にフォーカスした旅となったが、今後はより多様なターゲットに向けたテーマを発掘していきたい。

（元石垣市台北駐在員・小笹俊太郎）

第四章　小笠原断章――国境を想像する

なぜ小笠原を取り上げるのか

ボーダーツーリズムの実証実験を始めたとき、国境を越えてこちら側から向こう側に行く旅の楽しみを参加者に伝えたいと思った。旅程をつくるのは旅行会社だが、日本の境界地域には私たちの仲間となっている自治体がたくさんあるから、その支援を受ければ旅行のコンテンツは厚くなる。そして研究者仲間がボーダーや地域に関する知見を参加者に伝えることで知らなかったものを知り、見えなかったものが見え、聞こえなかったものが聞こえるようになる。旅はこうしてますます楽しいものとなっていく。

だが、同じ境界地域でも今は向こう側に直接、行けないところもたくさんある。その仲間たちをどうしたらいいのだろう。結論は国境を越えられなくても、国境や境界を感じる旅を演出したらどうかというものだった。歴史や文化で外につながっている場所はたくさんある。いや、もともとは同じ空間だったものが突然、ボーダーで切り裂かれたところも少なくない。もっと考えれば、日本は海で囲まれている。海の向こうには多様なつながりがあったに違いない。

こうして生み出されたのが、第二章で紹介された国境を越えない「国境の旅」、道東からオホーツクを回り、道北へ向かう三泊四日のバスツアーであった。夏場でさえ、北海道の東と北、根室から網走、稚内へと向かう縦断ルートを回るツアーは珍しい。ほぼバスに乗りっぱなしの旅をどのように魅せるか。沿線の行政、ビジネス関係者、そして地域の専門家の支援がなければ到底成り立たない旅であったが、道内に暮らす参加者たちにとっても「新しい発見」の連続となり、国境を越えずともボーダーツーリズムができることを私たちに確信させた。

その第二弾として構想されたのが、本章で特に焦点を当てた小笠原「国境の旅」である。道東オホーツクと同様に、まず国境を越えない、そして長い長い船旅の過ごし方。これらのチャレンジをどのように乗り越えるかが課題となった。幸いにも小笠原村の全面支援と境界地域研究ネットワークJAPANの各自治体の協力、国境地域研究センターや現地の専門家の水先案内などで充実したツアーとなった。本章では、ツアーの企画者が執筆したこれまでの章と異なり、旅の案内人、参加者のエッセイを中心にまとめてみた。もとより参加者の多くは他のツアーの企画者・参加者でもあり、ボーダーツーリズムの経験や比較のまなざしから論を進めている。

ツアーの総案内を務めた古川浩司、船中と南島の水先案内人となった山上博信、第一章の執筆者でもあり、また道東オホーツクのツアーにも参加した花松泰倫、稚内から参加したサハリンの写真家斉藤マサヨシ、そして現地で暮らす延島冬生らのエッセイを読みながら、国境を越えずに「国境」を想像する旅の醍醐味を味わっていただければ幸いである。

（岩下明裕）

船旅の楽しみ――新おがさわら丸に乗る

二〇一六年一〇月に国境地域研究センターと境界地域研究ネットワークＪＡＰＡＮが企画協力した国境を越えない「国境の旅」小笠原紀行の案内人を務めた。小笠原村は、日本最南端の沖ノ鳥島をはじめ、南鳥島、硫黄列島、聟島列島、父島列島、母島列島、そして二〇一三年の噴火により陸地が出現した西之島を行政区域とするが、一般住民が暮らすのは父島と母島のみである。村は東京都に属するが、定期航空便はなく、首島である父島と本土を結ぶのは小笠原海運による定期船、通称おが丸だ。

竹芝から小笠原へ向かう

定期船は、東京（竹芝）―父島及び父島―母島で別々に運航されているが、前者に関しては多客期を除けば週に一便しかない。なお、東京と父島を結ぶ定期船は、一九七二年四月より開始され、当初は椿丸（一〇一六トン）が約四四時間かけて航行。一九七三年四月からは父島丸（二六一六トン）が約三八時間、一九七九年四月からは初代おがさわら丸（三五五三トン）が約二八時間、一九九七年四月からは二代目おがさわら丸（六七〇〇トン）が約二五・五時間で結ぶ。二〇〇五年には高速船により約一六時間で結ぶ計画もあったが原油価格高騰により頓挫した。

筆者はこれまで二〇〇八年の返還四〇周年記念事業、二〇一二年三月及び一二月の三回にわたって出張訪問している。当時は二代目おがさわら丸で、特に二回目の訪問時は二〇一一年の世界自然遺産登録直後だったこともあり、さながら「島流し」状況で、数少ないコンセントをめぐって骨肉の争いともいうべき凄まじい光景を目の当たりにしたこともあった。今回、一緒に案内人を務めた山上博信氏をはじめ、このトラブルに備える乗船者はこういうとき分配器をさっとカバンから取り出し、争いを瞬時に収めていたという。

さて今回乗船した三代目新おが丸は二〇一六年七月に就航。一万一〇三五トンもあり二代目の約二倍の大きさで、所要約二四時間に短縮。船は定刻一一時に出航。一時間後には宴会が至る所で始まり、小笠原村民のみならず、初めてと思しき若い観光客も続々輪の中に入っていく。この光景は以前と変わらない。

やがて七階のデッキ展望ラウンジで昼食。島野菜カレーを注文すると交通系ＩＣカードが使える。前回にはなかったことだ。新おが丸が太平洋上に入っても、波は凪でほとんど揺れを感じない。天

母島では島民がフラダンスの衣装で見送ってくれた

気が良かったからだろうが、船が大きくなったことも関係ありそうだ。

船は定刻どおりに、一五時前に大島、一六時過ぎに三宅島、八丈島を一九時前に通過していく。翌朝、食事をとった後に、特別に操舵室を訪問させていただいた。以前と比べると操舵室も大きい。船長の説明を聞いていると前方左手に小笠原諸島最北端の聟島列島が見えてきた。船は定刻どおり午前一一時に父島・二見港に到着。二四時間の新おが丸の旅は早く快適だ。

なお今回のツアーでは父島から母島にも入ったが、ははじま丸も新しくなっており、以前よりは一〇分短縮の二時間で両島が結ばれた。新しい船での旅は気持ちが良い。

島での模様は他のエッセイに譲るが、前回と違い、帰りの母島から父島への乗り継ぎも快適になっていた。母島から父島まで二時間、そして父島で一時間半過ごした後、定刻どおり一五時三〇分に出航。他方で島の住民及び島に留まる人たちのお別れの儀式だけは変わらない。一度は逆に見送りたいなあと思っているうちに、空の雲行きが怪しくなる。聞けば、この後、一〇メートル以上の風の中の航海になるとのこと。行きはまったく感じなかった揺れを帰りは身に染みて体験した。ただ、心なしか前の船より大きくなった分、揺れ対策も改善されているようだ(とは言え、よく揺れたが)。

翌朝、船は一時間半遅れで竹芝に到着予定である旨のアナウンスが流れたが、東京湾に入って遅れは取り戻され、定刻一五時三〇分に竹芝桟橋に船は到着。新おが丸のすごさを改めて感じながら下船した。長いようで結構短い小笠原諸島への船出。皆さんもいかがでしょうか。(古川浩司)

小笠原「国境の旅」を鉄道ファンがたとえると

鉄道ファンには、いくつかのジャンルがあるという。乗り鉄(全国津々浦々の列車を実際に乗って楽しむ)、模型鉄(鉄道模型に没頭する)、撮り鉄(車両や鉄道の構造物を撮影する)、収集鉄(きっぷや記念スタンプなどを収集する)などがメジャーであるかもしれないが、廃線鉄(廃止された鉄道のあとを調べる)、仮想鉄(自ら、地図を広げ架空の鉄道路線に思いをはせる)という鉄道ファンの間ではよく知られているが、必ずしも一般によく知られているタイプではないファンも多い。

小笠原のツアーを鉄道ファンの楽しみ方にたとえれば、廃線鉄であり仮想鉄であると言うことができるだろう。

東京から小笠原への事実上唯一の公共交通機関は、小笠原海運の運航するおがさわら丸である。この航路は、一九六八年小笠原が返還されるにあたり、日本郵船と東海汽船が共同(設立時の資本

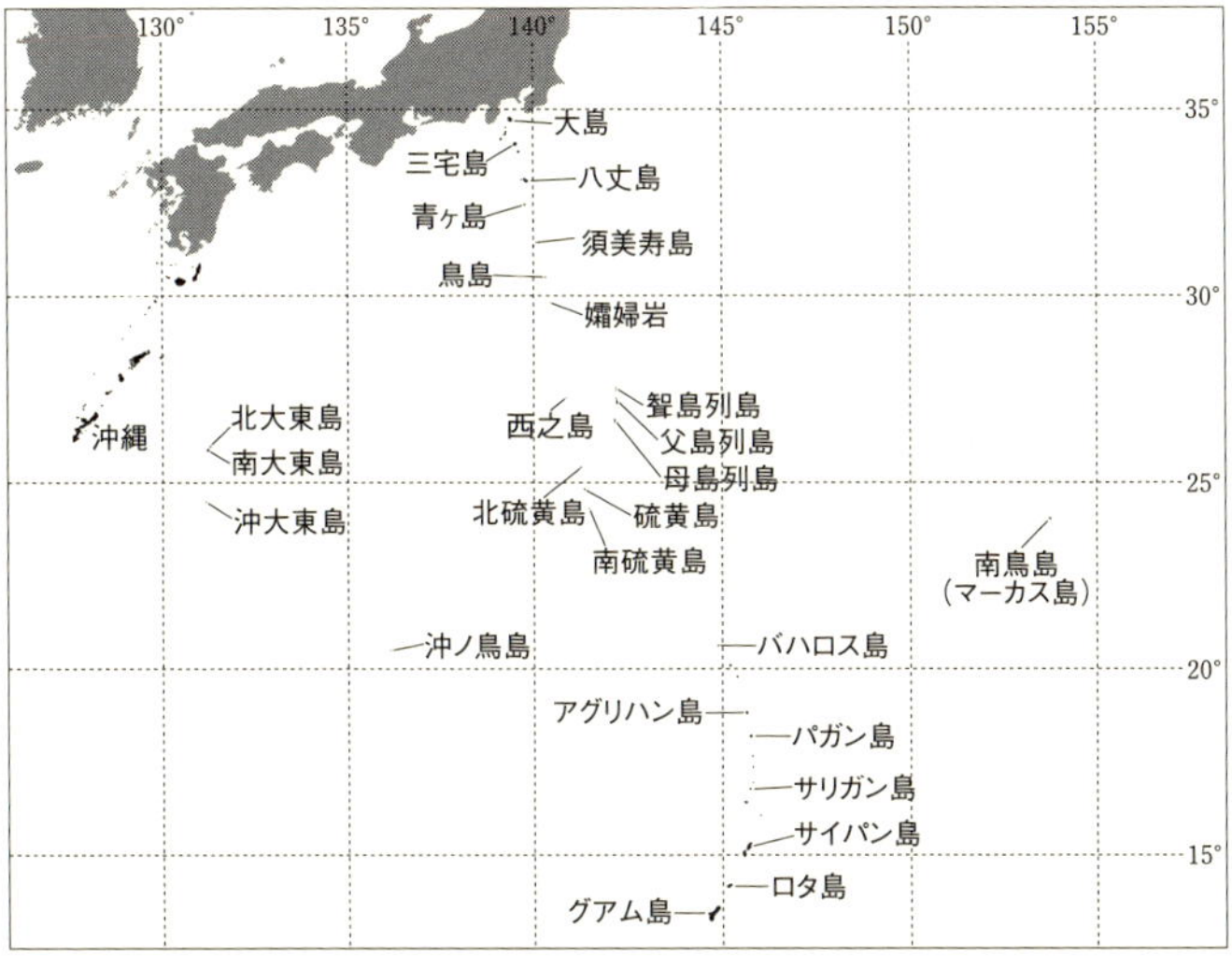

小笠原の南へ向かうと

金一〇〇〇〇万円、日本郵船と東海汽船が五〇%ずつ出資)で会社を設立したという事実がある。

戦前、東京から小笠原への航路は、命令航路として日本郵船の関連会社である近海郵船が運航を担い、さらにその先にある南洋群島への定期航路は親会社である日本郵船が命令航路の受命者となっていたことによるという。

小笠原諸島の中心地父島二見港は、東京から約一〇〇〇キロの距離にあるが、さらに南へ約一〇〇〇キロ進めば、一九四五年までは南洋庁北部支庁の中心地であったサイパン島があり、そこから西に行けば、ヤップ、パラオへ、東に行けばトラック、ポナペ、そして、マーシャル諸島へと旧島が点々と位置している。

おがさわら丸の姿とその航路を廃線鉄が見

れば、父島二見港から先の廃航路を偲び、戦前の賑わいを想像することに時を忘れることになろう。また、仮想鉄が見れば、近い将来、二見港から航路がさらに南下し、火山列島(硫黄島)、北マリアナ諸島の各島を寄港しつつサイパン島、グアム島への定期航路復活に向けての運航計画を練ることになるだろう。

シルバー・ディスカバラーがやってきた!――廃線鉄でも仮想鉄でもなく

二〇一六年六月、八丈島観光協会のブログがバハマ船籍の豪華クルーズ船(シルバー・ディスカバラー、二〇一四年就航)の八丈島寄港を歓迎する記事を掲載した。

筆者は、記事の一節に目を奪われた。

バハマ籍であり小型ながらラグジュアリー(五つ星)の格付けをもつ豪華客船シルバー・ディスカバラーが底土港に到着。いよいよ、ここ八丈島にも外国籍の船が寄港するようになりました。シルバー・ディスカバラーは総トン数:五、二一八トン、全幅:一五・四mと橘丸よりも少し小さめの船ですが、あえて小型の船体を生かし、通常のクルーズでは行きにくい秘境をめぐるために造船されたそうです。コロールから出発し、ヌグール島、コロニア、サイパン、パガン島、マウグ島、父島、鳥島、八丈島、三宅島、函館を巡ります。

運賃は一万ドルを超える高額でありながらも、まさに南洋庁本庁が所在したパラオ・コロールを出航し、一二泊かけて、パラオから北東に進路をとり、ヤップ島、サイパン島に到達。船はここで北転し、北マリアナの北部諸島を丁寧に寄港し、父島に入港、乗客は上陸手続きを行い（入管統計によれば、二〇一六年六月の二見での入国者数は、外国人六〇人、日本人二人）、鳥島に接近、八丈島に寄港、そして最終目的地函館に進路をとっているのである。

八丈町民にとって、南洋群島は移民を多数送出しており、このクルーズは深い感慨をもって迎えられたであろう。

廃線鉄でも、仮想鉄でもない、まさに戦前の南洋航路のリバイバルである。大げさに言えば、プサンから、朝鮮半島を北上しハルビンを結んだ朝鮮総督府鉄道と南満州鉄道をまたいで走る急行ひかり号が突然現れたようなものだ。

この際、言及しておくことにするが、硫黄島も空港が入管法の上で「硫黄島（空港）」として開かれているのである。毎年春に硫黄島で開催される日米合同慰霊祭には、米軍関係者の旅行者が、グアムをハブ空港とするユナイテッド航空（もともとは、戦後の国際連合太平洋信託統治領を飛ぶコンチネンタル航空の子会社であるエア・マイクロネシア（エアマイクと言われ島民に愛されていた。パラオではContinental Micronesiaという懐メロが愛唱されている））が、硫黄島空港までチャーターフライトでやってくるのである。二〇一七年は三月二五日に開催された。入管統計によれば、二〇一七年三月の外国人入国者数は一六一人、日本人出国者数は七人である。

見えないから意識する

二〇一六年一〇月、ボーダーツーリズムの企画旅行で、一般人が参加しての国境を越えない「国境の旅」として五泊六日の小笠原旅行が募集催行された。参加者のアンケートには、さらに南下してみたいという声が記されている。

船中二泊、父島二泊、母島一泊。新しいおがさわら丸の航海の模様は前のエッセイに譲るが、島内でも目一杯のガイドと歓迎を受けた豪華な折り返し旅であったが、参加者にとって、今は行けないその南の旅を想像するよう意識が変化しているのではないだろうか。

もちろん、数年前、中国船による小笠原諸島での密漁事件が起き、島民に不安と恐怖を与えただけでなく、小笠原が国境の海であることを日本国内に意識させたことも大きいだろう。

加えて、小笠原諸島とサイパン島の間に連なる北マリアナ北部諸島は、世界的に見ても、訪問することが困難な隔絶島嶼であるが、パガン島やアナタハン島などは、戦前、開拓移民が生活を営んでいたことなどが少しずつ知られるようになり、秘境の旅に行きたいと考える旅人も一定数増えていると思われる。

ところで、島の定義は、国連海洋法条約一二一条に鑑みれば、人の暮らしが営めるかどうかという点が大きいと言うことができる。

確かに、輸送手段、滞在の際の食糧や生活用水、ごみ処理の問題などはあるが、硫黄島、南鳥島については、国は、情報公開という観点からも少数でよいから国民が訪ねることのできる機会を確保してもよいのではなかろうか。もちろん、沖ノ鳥島は上陸し滞在することは困難であるから、年に一回でもよいので、船舶で接近する機会を設けてもらいたいものである。

昨年秋の小笠原「国境の旅」は、成功裏に終わったが、次回は、何らかのかたちで、旧南洋群島と小笠原を実感する旅を企画できればと願っている。

（ここまで山上博信）

父島の港にて小笠原独特の漁舟「カノー」を説明する延島さん(右から二人目)

国境を想像する旅

東京竹芝桟橋から新おが丸で二四時間。小笠原はこれまで私が訪れてきた日本のどの国境地域よりも圧倒的に遠く、そして想像もつかない未知への期待に満ちていた。小笠原への初めての船旅であったが、新造船の威力からか、あるいは船酔いを恐れて熟睡して過ごしたためか、意外なほどあっという間に着いたというのが率直な印象だ。

父島に到着するやいなや、この章のコラムの執筆者でもある延島冬生氏の解説に圧倒された。一九世紀初めに

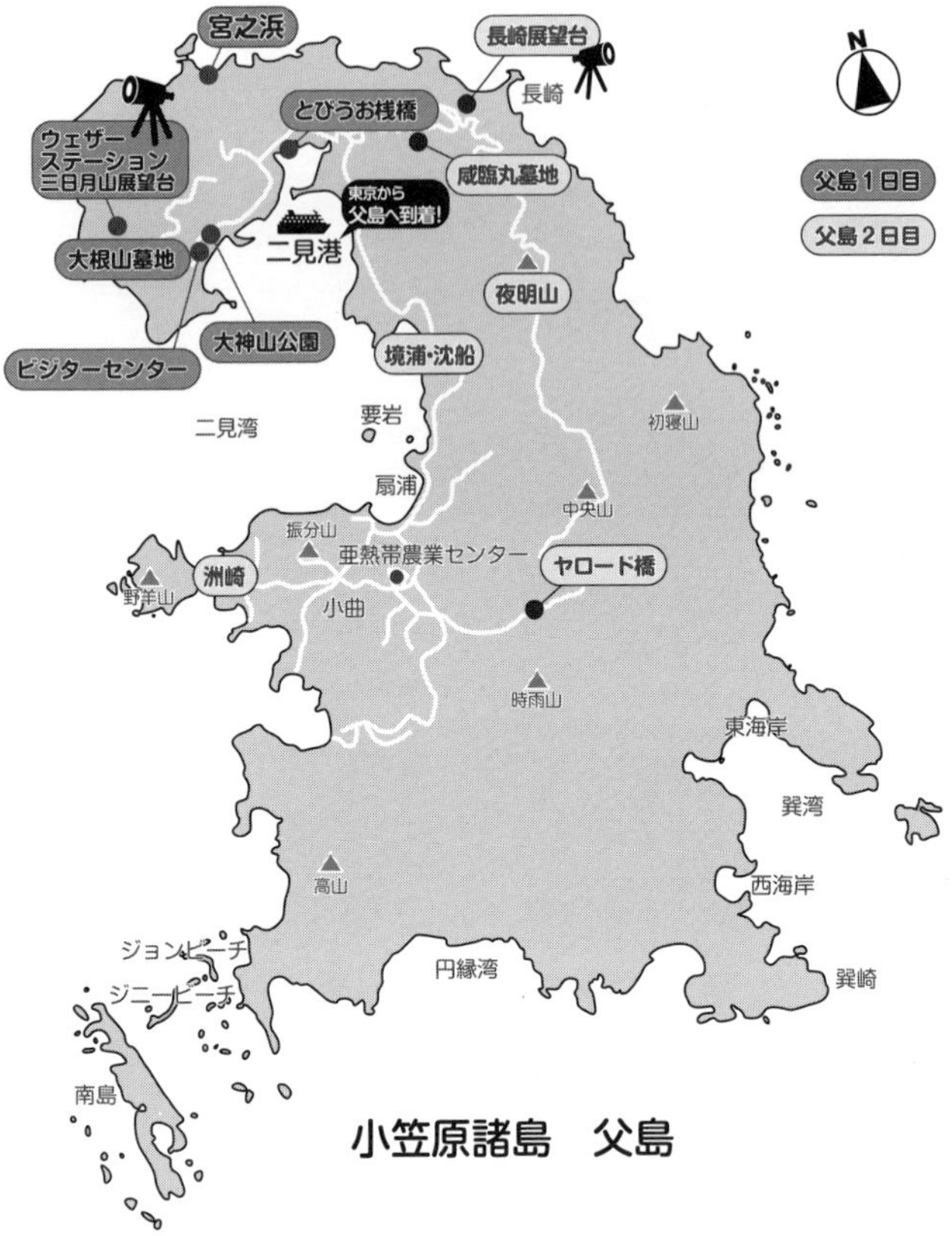

ボーダーツーリズム父島編

ハワイから移住し最初の定住者となったナサニエル・セーボレーの墓地などを訪れながら、まずは「ボニン・アイランド(かつて無人島だったことから英語圏ではこう呼ばれている)」への欧米系島民の入植とその後の幕末から明治にかけての「日本化」のプロセスの話から始まった。その後、島を一周し、時折バスを降りて手にとりながら解説する小笠原独特の植物や生き物、外来種との攻防の話は熱かった。返還後に移住した「新島民」である延島氏だが、その博識の裏に小笠原への強い郷土愛が感じられた。

太平洋戦争と戦後の米国占領、一九六八年の返還に揺れた小笠原での暮らしを語ってくれたのは大平レーンス氏だ。欧米系の子孫として戦後直後に父島で生まれた大平氏にとって少年時代の「遊び場」だった史跡・戦跡ツアーは、ユーモアたっぷりの楽しい学びの時間だった。島中に点在する旧日本軍の防空壕や武器庫、ジョージ・ブッシュ(パパ・ブッシュ)が太平洋戦争のさなかに戦闘機で撃墜され米潜水艦に救助された海域が見える展望台、米軍の核弾頭が格納されていたとされる場所で、参加者は熱心に大平氏の話に耳を傾けていた。

新はじま丸で渡った母島も圧倒的に美しい島だった。一九四四年の強制疎開から一九六八年返還まで無人島だったボーダーの皮肉な歴史が生み出したのだろうか。ホエールウォッチングの時期ではなかったことが悔やまれる。だが森へ一歩足を踏み入れると、旧日本軍の砲台などここでも戦争の爪痕が横たわる。他方、島レモンや「東京カカオ」を栽培する折田農園の折田一夫さんが話す母島の農業への想いは、猛暑で流れる汗を忘れさせてくれた。

ボーダーツーリズム母島編

私だけでなくツアー参加者は皆、国境線の変動に翻弄された小笠原の歴史と文化、アットホームな島の暮らしにじかに触れ、夜は島民の方々とともに島寿司と亀刺しにラム酒で盛り上がるなど、大変満足したようだった。小笠原を知り尽くした山上博信氏のコーディネートも素晴らしかった。ただ、誤解を恐れずに言えば、小笠原で国境そのものを感じ取ることが難しかったのも事実である。

実際に出会った島民の方々も、近年活発化する中国のサンゴ密漁船の問題を除けば、日常生活の中で国境を意識することなどほとんどないと口をそろえていた。今、あるいはかつての国境を具体的に「想像」するコンテンツが求められるのかもしれない。参加者の感想の中で再訪の意向が思ったより強くなかったのは、このことが関係しているように思う。

ははじま丸から見る母島と小笠原の海

母島の静沢の森に残されている旧日本軍の砲台

世界遺産観光だけでなく、国境を感じるボーダーツーリズムで小笠原が発展するためにはどうすればよいだろうか。ヒントは二つあると思う。

一つは、小笠原村役場が村民を対象に企画する「海洋観光」だ。父島に停泊中の新おが丸をチャーターして、村民が父島から約一〇〇〇キロの沖ノ鳥島を周回するツアーが二度企画されたが、台風と事故の影響で中止となったそうだ。日本の最東端で父島から一二〇〇キロある南鳥島は搭載燃料の問題で難しいようだが、日本最南端の島・沖ノ鳥島への接近が一般希望者にも許されれば、すでに実施されている西之島や硫黄島への視察ツアーと並んで新たなボーダーツーリズムのコンテンツになるだろう。そうなれば、父島は新たなボーダー観光のゲートウェイとなりうる。

もう一つは、パラオやサイパンなどの南洋群島（ミクロネシア）との文化のつながりである。南洋群島が日本の委任統治領だった時代に小笠原は重要な中継地となり、労働移民を含めた多くの人の往来があった。その過程で、南洋踊りや「レモン林」「パラオの五丁目」などの日本語歌謡もかたちを変えながら行き来した。そこで、実際に国境を越えて両地域を訪れることで当時の人と文化の往来の足跡を辿ることはできないだろうか。そうすれば、今ある国境そのものや国境の先にあるものをもっとわかりやすいかたちでイメージできるのかもしれない。実現はかなり難しい旅だが、「こんな旅ができたらいいな」という想いが逆に国境への想像をかき立てるのである。

（花松泰倫）

魅惑の島

日本の最北端・稚内に住んでいるのに、いつもさらに北へ向かって旅することが多い。小学生の頃、島崎藤村の椰子の実の歌を口ずさんで自宅の前浜を眺めていた記憶がある。見たこともない南の島に強い憧れがあったのであろう。

二〇一六年一〇月、私もこの章の他の執筆者と一緒に小笠原「国境の旅」に参加した。最新鋭のおがさわら丸は快適だ。旅の仲間と夕食をとり、酒を酌み交わし、ほろ酔い気分で最上部の甲板に出た。満天の星空の下、心地よい潮風が流れ、低いが軽快なエンジン音と波切音が響き、まるでプラネタリウムのようであった。目指す父島はまだ遠く、到着は明日の昼近くになる。時速九〇〇キロの旅客機が二四時間休みなく地球上を飛び回っている時代だからこそ、小笠原諸島への船旅はかけがえのない贅沢である。

朝焼けが美しい。朝食の後、コーヒーを持ってデッキに出た。カツオドリが船を水先案内するかのように飛んでいる。南の海を体感させてくれた。午前一一時、父島の二見港に到着。気温二九度、快晴、道沿いにはタコノキがパイナップルのような大きな実をつけている。稚内の自宅を出るときは小雪が舞っていた。ついに憧れの南の島、小笠原に来たんだと心が躍った。

まずは腹ごしらえ。海岸通りにある食堂で島寿司をいただく。醤油漬けにしたサワラやカンパチとシャリの相性がぴったり。ショウガがピリッときて美味い、大満足だ。

昼食の後は世界自然遺産の島めぐり。大根山から宮之浜、大神山公園など父島の景勝地を訪ねる。

母島の展望を楽しむ。御幸之浜展望台にて

美しい海や景色が訪ねる人々を癒してくれる。しかし、何といっても小笠原の魅力は、島に生きる植物や鳥、昆虫などそのほとんどが他では見ることができない固有種であることだ。

島には、貴重な固有種を守るための外来生物対策が島人の手によって進められている。島のタコノキ等にはグリーンアノール(トカゲの一種)を捕獲するための粘着トラップやフェンスが仕掛けられている。幻の蝶オガサワラシジミを守るためだ。季節的にオガサワラシジミを見ることができなかったのが残念。しかし、父島ではオガサワラハシナガウグイス、母島ではメグロに出会うことができた。また、可憐な花ムニンシュスランも見ることができた。

南海の孤島である小笠原は、歴史に翻弄された島でもある。島にはそうした痕跡が随所にある。そうした場所を訪ねると島の奥深さを実感する。ペリーが船の石炭置き場として購入した土地、欧米系島民も眠る墓地、ジョージ・ブッシュ元米大統領が米兵としてパラシュート降下した場所、旧日本軍の要塞跡、そして戦争跡をガイドしてくれた大平レーンスさんの独特の語りが心に残る。

小笠原諸島六日間の旅は終わった。おがさわら丸が二見港を出港、島の人たち全員が見送ってく

二見港を望む大根山墓地公園には旧日本軍のトーチカが今も残っている

れるかのような賑わいだ。数十隻のボートがおがさわら丸に随行しての見送り。言葉にできないほど圧巻であった。また、行こう。

（斉藤マサヨシ）

小笠原・遥かなる境界線を望んで

さて本論を閉じるにあたり、小笠原とボーダーツーリズムの関係をやや学術的に論じておきたい。前のエッセイと重複する部分もあるが、小笠原の位置関係などをもう一度、整理しておけば、まず東京から約一〇〇〇キロ南に東京都小笠原村の首島の父島（父島列島）がある。現在、父島と母島（母島列島）のみ一般住民が暮らしている。それらの島々に聟島列島を加えて小笠原群島と言い、さらにその西側南方海嶺上の火山（硫黄）列島と西之島、南鳥島、沖ノ鳥島のサンゴなどを含めて広義の小笠原諸島（以下、小笠原）と呼ばれる。これらのうち、沖ノ鳥島は日本最南端、南鳥島は日本最東端である。

しかし、定期的な航路があるのは東京（竹芝）から父島及び父島から母島への船便のみである。また、山上エッセイでも触れられていたが、小笠原村から外国に向かう定期航路は存在していない。

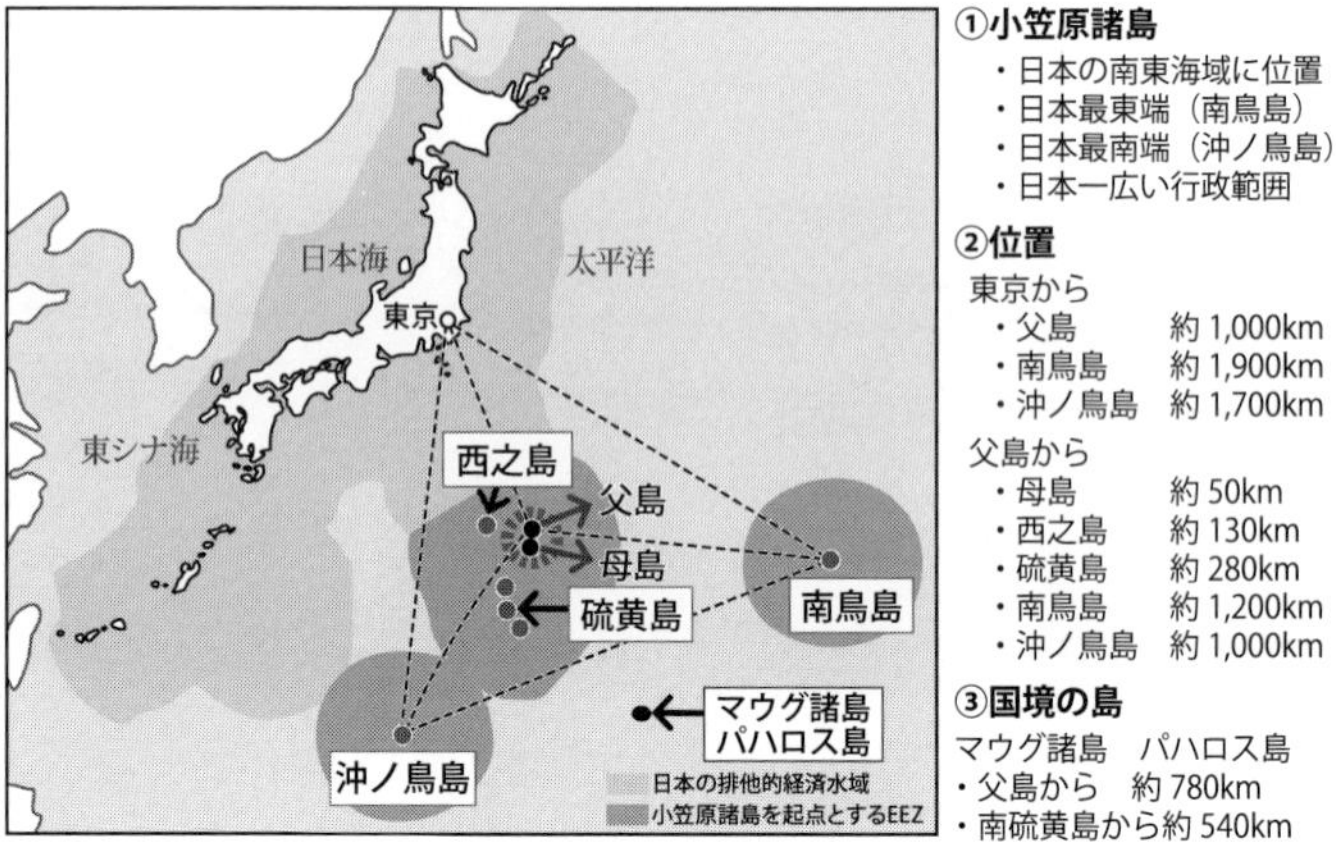

小笠原諸島の位置・範囲

（原図）小笠原村役場・樋口博氏作成

したがって、小笠原に行ったことのない読者にとっては、小笠原で国境を意識することは現時点ではない方がほとんどであると思われる。しかし、米国自治領・北マリアナ連邦の無人島パハロス島と火山列島南端の南硫黄島の間は約五〇〇キロであるため、日本の排他的経済水域（EEZ）の南東端は直線で切られている。また、小笠原の歴史を紐解くと、小笠原は境界地域（ボーダーランズ）であり、そこにボーダーツーリズムに関係する観光資源を見出すことができる。このように、小笠原は遥かなるボーダーを望む地域なのである。

以上の問題意識から、ここからは、境界地域（ボーダーランズ）とは何かを確認し、小笠原の歴史を振り返った上で、ボーダーツーリズムの観点から小笠原村の観光資源を、行政（小笠原村）の取り組みにも言及しながら考察したい。

境界地域とは何か

境界研究者であるコンラッドとニコルは、ボーダーランズ（borderlands）は、バウンダリー（boundary）、ボーダー（border）、フロンティア（frontier）、ボーダー・リージョン（border region）を包摂する概念としている。これらのうち、ボーダーの具体例として米国・ミシガン州のデトロイトとカナダ・オンタリオ州のウィンザーを結ぶアンバサダー橋（Ambassador Bridge）、フロンティアの具体例としてわずかな交流地点しかない米国・アラスカ州とカナダ・ブリティッシュコロンビア州及びユーコン準州の国境地域をあげている。そしてボーダー・リージョンの完全な例として異なるEU加盟国民を結びつけるユーロ・リージョンをあげている。本論では、上記の枠組みを、その歴史をもとに、小笠原に当てはめて考えてみたい。

　小笠原諸島は、一五九三年に小笠原貞頼に発見されたという説もあるが、一八三〇年以前は無人島であった。その後、一八三〇年に欧米・ハワイ太平洋島人が定住したが、一八七六年に日本の領有が確定された。

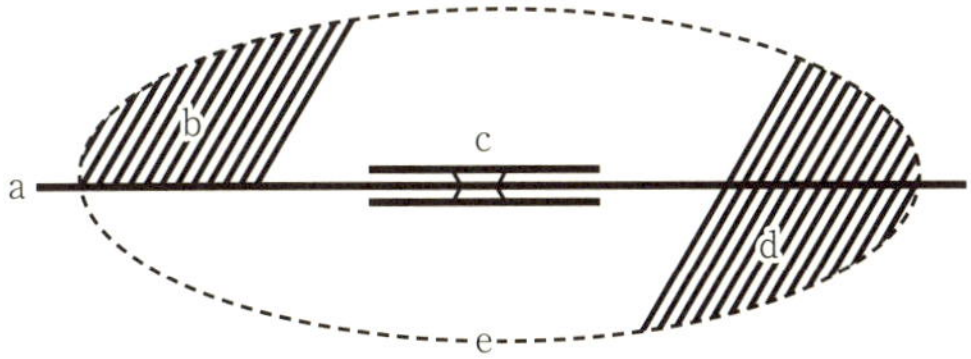

a）バウンダリー
b）フロンティア
c）ボーダー
d）ボーダー・リージョン
e）ボーダーランド

境界（地域）のイメージ

（出所）Konrad, V., and Nicol, H., *Beyond Walls: Re-Inventing the Canada-United States Borderlands*, Ashgate, 2008, p. 25 より作成

つ変遷

人・物の流れ	備考
探検船・漂流船・捕鯨船等	1593年小笠原貞頼発見説
同上	欧米系・カナカ人定住
本土からの航路開設	日本人定住促進
南洋航路開設	南洋群島独領から日本統治へ
グアムから米軍輸送	ごく一部の島民のみ帰島
東京からの航路	島民帰島開始
—	中国サンゴ漁船の来襲

年記念シンポジウム」」(JIBSN: http://src-hokudai-ac.jp/jibsn/

さらに第一次世界大戦で戦勝国となった日本が一九二二年に南洋群島の統治を行うことになったことに伴い南洋航路が開設された。しかし、第二次世界大戦中は日本軍により支配され一九四四年に島民は強制疎開を余儀なくされ、一九四五年の硫黄島の戦いでは多くの死傷者が出た。同大戦で日本が敗北し米国の施政権下に置かれた結果、一九四六年に欧米系島民のみ帰島を許されたが、一九六八年六月二六日に日本に返還され日本人島民の帰島も許された。最近では、二〇一一年六月に世界遺産に登録される一方で、二〇一四年一〇月から一二月にかけて中国サンゴ漁船が大挙したことが報道で大きく取り上げられた。

上記の経緯により、小笠原と旧南洋群島という隣接地域との関係をボーダーという観点から検討すると、次のことが言える。小笠原は一八七六年に日本の領有が確定された結果両地域の間にバウンダリーが引かれることになったが、それまでは無主地であったため、それ以前に定住していた欧米系住民と日本人住民が共存することになった。その後、一九二二年に日本が南洋群島の統治を始めたことにより、バウンダリーが国境ではなく

小笠原諸島のボーダー

年	帰属	事象	ボーダー変遷
1830 年以前	無所属	無人島	ボーダーレス
1830 年(文政 13 年)	無所属	定住開始	ボーダーレス
1876 年(明治 9 年)	日本	日本領有の確定	国境離島
1922 年(大正 11 年)	日本	南洋群島統治	中間離島
1946 年(昭和 21 年)	アメリカ	アメリカによる統治	国境離島(米側)
1968 年(昭和 43 年)	日本	日本復帰	国境離島
2014 年(平成 26 年)	日本	中国侵略の危機？	国境離島を認識

(出所) 小笠原村役場・渋谷正昭氏作成資料(「第 14 号特集「JIBSN 設立 5 周
report/JIBSN14.pdf) 8 頁)

なったため、両地域はボーダー・リージョンとなり、小笠原は本土から南洋に向かう船が一カ月に一度寄港する中間離島となった。その後、戦時中は米軍の攻撃に対する砦となり、戦後は返還までは米国(グアム)、返還後は日本にのみ交通路が開かれ、現在は国土交通省小笠原総合事務所がCIQ(税関、入管、検疫)の機能を果たすボーダーの役割を担っているとは言え、事実上フロンティアになっている。このように、小笠原は境界地域としての歴史を辿っているのである。

観光資源を考える

先述した小笠原の歴史に対するボーダーの観点からの考察を踏まえた上で、小笠原の観光資源を検討した場合、ツアーの参加者も指摘していたが、以下のことが言える。まず無主地時代も含めたボーダー・リージョンとしての観光資源としては、母島のロース記念館、父島の咸臨丸墓地及び大根山に眠るナサニエル・セーボレーの墓碑、そして旧南洋群島の行進踊りに由来する南洋踊りなどがあげられる。一方、戦時中の「砦」として

父島の咸臨丸墓地。1861年江戸幕府の命により小笠原を巡検した足跡が残っている

のボーダーの機能を担っていた資源としては、父島・夜明山に残る洞窟陣地・大砲及びコペペ砲台、母島・静沢の森遊歩道沿いに残る海軍施設跡などがあげられよう。また、欧米系住民の方々との交流も境界地域である小笠原を考える上で重要な観光資源にもなりえよう。この他、生態系において、もともと同じ種類の生きものが、環境の違いによって、そこに適した形や色へと変化し、多系統に分かれる適応放散が見られたことにより世界自然遺産に登録されたことから、そのような生態系を活かした観光も考えられよう。

小笠原村では、観光業が産業の柱で、かつ、豊かな自然環境は観光資源であるという現状を踏まえたエコツーリズムを基軸とした観光の推進と、日本の領土保全や海洋資源開発などの太平洋上の拠点としての役割を担うべく国の海洋政策への積極的な協力とを両立させるために、海洋観光を模索している。なお、海洋観光の取り組みとして、年一回実施されている硫黄島の旧島民関係者や現地中学生などを対象とした硫黄島訪問事業及び一般希望者を対象とした硫黄島三島クルーズがあげられる。この他、花松エッセイでも触れられているが、一般村民を対象とした西之島クルーズ(二〇一六年四月実施)や沖ノ鳥島視察ツアーも企画されている。ただし、沖ノ鳥島視察ツアーに関しては、二〇一三年一〇月及び二〇一四年五月に実施が試みられたが、台風の影響や港湾事故により中止となっている。

ここまでは定期航路を利用したクロス・ボーダーツーリズム、すなわち国境を越えるボーダーツーリズムが現状では困難な小笠原におけるボーダーツーリズムの可能性を、境界研究に照らし合わせながら考察した。その結果、確かに現状ではクロス・ボーダーツーリズムは困難であるが、ボーダーを越えないボーダーツーリズムを提起することができた。ボーダーツーリズムと小笠原村の進める海洋観光は必ずしも全てにおいて一致するものではないが、周囲を海に囲まれている日本の最南端に位置する小笠原村においてもボーダーツーリズムが主流になることを期待してやまない。

（ここまで古川浩司）

参考文献

古川浩司「日本の境界地域を考える」『地理』古今書院、二〇一六年七月号。

古川浩司「新おがさわら丸に乗船して」『中京大学評論誌　八事　ＹＡＧＯＴＯ』第三三号、二〇一七年。(「船旅の楽しみ」は本論文を改稿)

延島冬生「小笠原諸島の地理と歴史」岩下明裕編『日本の「国境問題」』藤原書店、二〇一二年。

渋谷正昭「国境と小笠原」岩下編、前掲書。

石原俊「ディアスポラの島々と日本の戦後」岩下編、前掲書。

南谷奉良「潮目のまなざし」岩下編、前掲書。

小西潤子「『南洋踊り』が物語る歴史」岩下編、前掲書。

可知直毅「生態学からみた小笠原」岩下編、前掲書。

ＪＩＢＳＮレポート第一四号　特集「ＪＩＢＳＮ設立五周年記念シンポジウム」(http://src-h.slav.hokudai.ac.jp/jibsn/report/JIBSN14.pdf)

Konrad, Victor and Heather Nicol, *Beyond Walls: Re-Inventing the Canada-United States Borderlands*, Ashgate, 2008.

『小笠原村　世界自然遺産パンフレット』小笠原村、二〇一四年(https://www.vill.ogasawara.tokyo.jp/wp-content/uploads/sites/2/2014/10/pamphlet.pdf)。

（追　記）

本章で使用した小笠原の資料に関しては、小笠原村役場・樋口博氏に提供を受けた。また、本章に関しては、延島冬生氏に貴重なコメントをいただいた。記して感謝したい。

標準語になった小笠原方言

小笠原諸島の海岸林にタマナ、モモタマナ、ハスノハギリ、オオハマボウの樹木がある。モモタマナは高木で葉が大きく紅葉落葉する。種の形も大きさも桃に似ており明治初期の日本人開拓者はタマナと区別するため桃を冠して呼んだ。

一八三〇年ボニン・アイランド(Bonin Islands, 小笠原島と命名される以前の無人島《むにんしま》の洋名)に住み始めたハワイ人先住移民はハワイ諸島にもある木を見つけタマナと呼んだ。

モモタマナはハワイになかったが、タマナ、ハウなどと呼びハワイ人同士では同名でも区別がついたと思われる。一方、欧米人先住移民は木材として使うためタマナをヒータマナ(He-Tamana)、モモタマナをシータマナ(She-Tamana)と区別した。雄木雌木の区別がある樹もあるが、これは別々の種である。樹皮、葉の感触、材の堅さ、樹高、枝振りから前者を男性的、後者を女性的としたのは頷ける。

日本人開拓者は丸い実を着けるタマナに違和感なくその名を使い「玉名」と宛字した。

父島山中の夜明道路・長谷《ながたに》にヤロード橋が架かっている。ヤロードは小笠原諸島固有植物名で付近に群生していたと思われる。周囲の木々に影響されず真っ直ぐ幹を伸ばし枝は同じ箇所から三枝ほど斜め上に出す。

材は真っ直ぐ枝打ちが容易で皮を剥くとすぐ丸太として使えた。先住移民は Yellow wood と呼んで幹を建築材、枝先はカヌーのマタギ(ロープ掛け杭)に使っていた。松、杉のような針葉樹がない小笠原諸島で家の柱にそのまま使える木は本種だけで、皮を剥いた幹が欧米人には Yellow と見えたのであろう、日本人の色彩感覚とは異なる。

ヤロード、ヤロウドと聞いた日本人開拓者は違和感なくそのまま使い標準和名にも採用された。

なお、黄色い実が枝先に一対着くことから、実の色でイエローウッド、また実の着き方で野郎奴とする民間語源説がある。
・標準和名：テリハボク（フクギ科）、小笠原方言　タマナ　玉名（ハワイ語起源）。
・標準和名：モモタマナ（シクンシ科）　桃玉名、小笠原方言　モモタマナ、モモノキ、モモ　標準和名は日本語＋ハワイ語の合成語である。
・標準和名：ヤロード（キョウチクトウ科）（英語起源）、小笠原方言　ヤロード、ヤロウド。

（延島冬生）

第五章　ボーダーツーリズムが問いかけるもの

古川浩司

はじめに

ボーダーツーリズムが社会で反響を呼び、数々のツアーが実施されるなど、一定の成果を生み、定着し始めていることは確かである。しかしながら、「ボーダーツーリズム」という言葉それ自体は、必ずしも新しい言葉ではない。例えば、観光学者の三原義久はボーダーツーリズムを「国境地点を訪れる旅」「国境を遠望するツアー」「疑似体験ツアー」とし、クロスボーダー（国境を越えて入国通過すること）そのものも旅行目的あるいは重要な旅行体験機会とするクロス・ボーダーツーリズムと区別している。また、地理学者の松村公明は中国吉林省・延辺朝鮮族自治州における中朝国境、中露国境を対象とする観光形態を「展望型」の国境観光と位置付けている。

他方、ボーダーツーリズムはスタディツーリズムの一種と位置付けることもできる。スタディツーリズムとは、大学・高校の教員やＮＧＯ（非政府組織）・ＮＰＯ（非営利団体）の職員など、特定の地域やジャンルの専門家が学習テーマを設定して企画・引率する研修旅行を指す。その上で、文化人類学者の葛野浩昭は、「スタディツーリズムは、訪れる側の人々が、自分たちと訪れる先の人々との関係性という視点からツーリズムという行為や仕組みについて考えを深めていく、自省的な『ツーリズムスタディ』へと発展するべきだろう」と述べている。もともと、日本におけるボーダーツーリズムは、日本国内でボーダースタディーズ（国境学・境界研究）を進める上で生み出された概念である。とすれば、葛野の指摘に従い、「ボーダーツーリズム研究」への発展あるいは日本におけるボーダースタディーズにフィードバックされるべきである。だが冒頭でも述べたように、日本国内においてボーダーツーリズムの企画は立案及び実施されているとはいえ、「ボーダーツーリズム研究」への発展あるいは日本におけるボーダースタディーズへのフィードバックは十分に実現していない。

以上の問題意識から、本章では、ボーダーツーリズムという概念を手掛かりに、ボーダーツーリズム研究に向けた問題提起及びボーダースタディーズへのフィードバックを試みたい。具体的には、まずボーダー及びツーリズムの定義を確認する。次に、筆者が実際に経験した日本国内におけるボーダーツーリズム及びそれに関するツーリズムと言うべき「ビザなし交流」などを類型化し、ボーダーツーリズム研究及びボーダースタディーズの視点からどのようなことが言えるかを提起した上で、今後の日本におけるボーダーツーリズムの可能性を述べたい。

ボーダーツーリズムとは何か

先述した三原は、「ボーダー（border）は主権国家の空間的管轄権が及ぶ限界面を意味するバウンダリー（boundary）とは異なり、一国の統制力が及ぶ具体的境界としての『境』であり、その境をはさんで隣接する他の国が統制力を有することとなる」としている。その上で、「クロスボーダー」とは「陸路・河川・湖上にある国境地点を、陸上及び湖上を徒歩または陸上の交通機関や船舶を利用し、正式な手続きを経て入国通過するもの」としている。

また、米加国境研究者のコンラッドとニコルは、バウンダリー、ボーダー、フロンティア、ボーダー・リージョン（border region）を包摂する概念をボーダーランズ（borderlands）としている。これらのうち、ボーダーの具体例として、米国・ミシガン州のデトロイトとカナダ・オンタリオ州のウィンザーを結ぶアンバサダー橋をあげている（第四章を参照）。

一方、米墨国境研究者のマルチネスは、境界地域の交流に関して、「疎外（alienated）」、「共存（coexistent）」、「相互依存（interdependent）」、「統合（integrated）」の四つのモデルに分類している。これらのうち、まず疎外しあう境界地域では、緊張状態にありボーダーが閉じられ越境交流がほとんどないが、共存する境界地域では、ときどき安定するためボーダーはわずかに開いている。そして相互依存の境界地域ではさらにボーダーは開かれ、統合された境界地域ではボーダーを気にせず越境するとしている。

以上のことから、通常は一般住民が踏み込まない場所（海洋、山脈、滝など）にあるボーダーを除いて、ボーダーは統合されないかぎり、通常、何らかの物理的障壁があると考えられる。例えば、陸上国境の場合、緊張関係が高く疎外しあう境界地域では軍事施設や地雷原などでボーダーが閉じられることになる。また、共存あるいは相互依存の境界地域では軍事施設はなくても、ＣＩＱ（税関、入管、検疫）機関は設置されるであろう。逆に、統合された境界地域ではＣＩＱ機関が撤去されるであろう。

日本においては、ツーリズムは観光と訳すのが普通で、実際に『現代用語の基礎知識二〇一六』でもボーダーツーリズムは国境・境界観光と訳されている。しかしながら、地理学者の溝尾良隆は両者を同一の意味と考えてよいのだろうかという問題意識から、概念整理を試みている。その上で、①観光を最も狭義に使用するならば、『易経』の観光となり、英語ではそれはサイトシーイングの語がふさわしい、②観光を広義に使用するときには、観光とレクリエーションと保養・休養を目的とした「旅行」になり、英語のツーリズムは、この広義の観光にさらにビジネスと家事・帰省を加えた全ての目的を含めた旅行で使用されるのが主流を占めている、と結論付けている。

上記で考察したボーダーとツーリズムからボーダーツーリズムを考えるにあたって、日本の場合は必ず考慮しなければならないことがある。それは、日本は周囲を海に囲まれていることである。例えば、先述した三原のクロス・ボーダーツーリズムの定義に従えば、日本には陸上国境がないため、その具体例は存在しないこととなる。その理由として、三原は、「ボーダーは（中略）地形的条件を土台とした『境』であり、海港、鉄道駅、空港のような国際交通機関に対応して設置された人為的な『国境地点』とは基本的に異なるからである」としている。確かに、クロスボーダーの定義を空港まで含めた場合は、いわゆる国境地域でなくてもクロス・ボーダーツーリズムとなり、外国旅行は全てクロス・ボーダーツーリズムになってしまう。しかし、周囲を海に囲まれていても、日本には国境隣接地域が存在している。それは日本のバウンダリーを見れば明らかである。これらの国境隣接地域の中には、対岸国と航路が存在している地域もある。その意味で、ＣＩＱ施設があり、かつ、対岸国への入国通過も含めた日本の境界地域を発着地とした旅行もクロス・ボーダーツーリズムに含めてよいのではないだろうか。以上の視点に立った場合、日本のボーダーツーリズムは、ＣＩＱ機関並びに対岸国との航路がある地域におけるビジネスと家事・帰省を加えた全ての目的を含めた旅行と定義することができよう。もっともボーダーの監視的機能を強調した場合、航空自衛隊のレーダー基地もその例に含めることができるため、その設置されている地域へのツーリズムもボーダーツーリズムに含めることができるかもしれないが、その点に関しては別の機会に議論したい。

日本におけるボーダーツーリズムの類型

①　クロス・ボーダーツーリズム

先述した国境隣接地域のうち対岸国との定期便（季節運航を含む）があるのは上記の三航路（稚内―コルサコフ（ロシア）航路（船）、対馬―釜山（韓国）航路（船）、石垣―基隆（台湾）航路（クルーズ））

及び境港―東海（韓国）―ウラジオストク（ロシア）航路（船）のみである。
これらのうち、稚内―コルサコフ航路は一九九五年四月にロシア船による定期運航が開始され、一九九九年五月からは日本船（フェリー）による定期運航（毎年六―九月）となり、サハリンプロジェクト開発に伴い、旅客は二〇〇六年（六六八一人）、貨物は二〇〇五年（約七〇二六トン）に最高となったが、その後は減少し、二〇一五年は旅客四四〇一人、貨物約一九二・一トンとなった（七四頁の表を参照）。その結果、定期フェリーを運航するハートランドフェリーが稚内市による助成が終了する二〇一五年度をもって同航路から撤退した。そのため、二〇一六年度は北海道サハリン航路とサハリン船舶会社SASCO（サスコ）社との日露共同で八月一日から九月一六日まで一四往復二八便運航されることになった。その結果、低気圧の影響で二往復四便が欠航したが、一二往復二四便運航で五一一人（ロシア三三六人、日本一五四人、その他二一人）が利用した。
次に、対馬―釜山航路は、一九九九年に韓国の大亜高速海運が定期航路（高速船）を就航させてから着実に増加し、二〇〇九年のリーマンショック及び二〇一一年の東日本大震災により減少した年もあったが、二〇一一年にJR九州高速船と韓国の未来高速海運が定期航路（高速船）を新設したことにより、二〇一六年は利用者が二五万九八一五人に達し、二五万人を突破している。
基隆―石垣クルーズ航路は、二〇〇七年以降は香港に本部のあるスタークルーズ社により毎年催行されており、それ以外のクルーズ船も含めると、二〇一三年は八万五四四五人、二〇一四年は一六万九〇三七人、二〇一五年は二〇万一〇三人、二〇一六年は二五万四五五八人が海外のクルーズ船により八重山地域に入域している。

これら三つの航路においては、対岸国の会社が主体であること、日本人旅行者よりも外国から日本の国境隣接地域に入域する人の数の方が多い点で共通している。

以上のことから、本書で扱われている二〇一三年一二月に初めて実施されたモニターツアーをはじめとする対馬―釜山、二〇一五年六月に実施されたサハリン国境観光モニターツアーをはじめとする稚内―サハリン及び二〇一六年六月に実施された石垣―台湾のボーダーツーリズムは、上記の「ボーダーツーリズム」と名乗らない旅行により、多くの外国人観光客が日本の国境地域に入域している現状を踏まえ、「ボーダーツーリズム」をキーワードに、逆に日本人観光客を海外旅行とセットで国境地域に入域させるために企画・実施されたものである。

②「ビザ（査証）なし交流」――事実上のクロス・ボーダーツーリズム

事実上のクロス・ボーダーツーリズムとして筆者も参加した経験のある「ビザなし交流」があげられる。ビザなし交流は日本とロシアの間には北方領土問題があることを踏まえて実施されている。すなわち、日本政府は一九八九年の閣議了解によって日本国民に四島への入域を自粛するよう要請しているため、北方四島との交流に参加できる日本人は一九九二年より開始された「ビザなし交流」による①元島民、②北方領土返還運動関係者、③報道関係者に制限されている。ただし、ビザなし交流で北方四島に入域する場合、外務省から発行される身分証明書及び挿入紙を持って渡航し、

ビザなし渡航で使うエトピリカ号

到着するとロシア流の出迎え

挿入紙には出発及び帰着時に「入国審査官認証印」が押印される（手続きの詳細は「入国・在留審査要領第二分冊」第七編）。そのため、身分証明書を旅券、挿入紙を査証の代替とみなした場合は、出入国手続きが行われているとみなすこともできる。

　ちなみに北方四島は、検疫業務に関しては検疫法第四条及び同法施行規則第一条において当分の間、法令の施行地域から除くものの、税関業務に関しては、関税法第一〇八条及び同法施行令第九四条において当分の間外国とみなされている（「北方四島を『外国とみなす』という表現をしている法令の改定に関する質問主意書」（衆議院第九五回国会質問第八号、一九八一年一〇月三〇日））。また、ビザなし交流は、日本政府により行われているが、ツーリズムを広義にとらえた場合は、その定義内に収まるので、事実上のクロス・ボーダーツーリズムと位置付けることができよう。

③　国境を越えないボーダーツーリズム

国境を越えないボーダーツーリズムの具体例としては、道東ボーダーツーリズムと小笠原ボーダーツーリズムがあげられる。これらはいわゆる国境を越えないボーダーツーリズムであり、冒頭で述べたように、三原がクロス・ボーダーツーリズムと区別して、ボーダーツーリズムと位置付けているものと一致する点もある。しかしながら、三原は陸上国境を意識して議論を展開していたため、周囲を海に囲まれている日本の国境隣接地域を前提としていたか否かは不明である。

また、これらのツーリズムにおいては、国境を越えていないことが前提とされているが、ボーダーの機能に注目することができる。例えば、道東ボーダーツーリズムにおいては根室と国後島ケムライ岬を電話線で結んでいたハッタラ浜陸揚所や樺太と北海道・本州を電話線で結んでいた猿払電話中継所跡から過去及び現在のボーダーを確認することができた（小笠原ボーダーツーリズムに関しては第四章を参照されたい）。

根室に残る国後島へのケーブル通信庫

猿払からサハリンもケーブルでつながっていた

再び学問へ、そして残された課題

先に見た日本のボーダーツーリズムの具体例から何が言えるであろうか。第一に、日本でもクロス・ボーダーツーリズムも含めたボーダーツーリズムが理論的にも定義することが可能であるということである。そもそもボーダースタディーズは陸の国境現象をもとに発展してきた研究分野であるが、周囲を海に囲まれ陸上国境がない日本でも適用可能であることをいくつかの事例が示してい

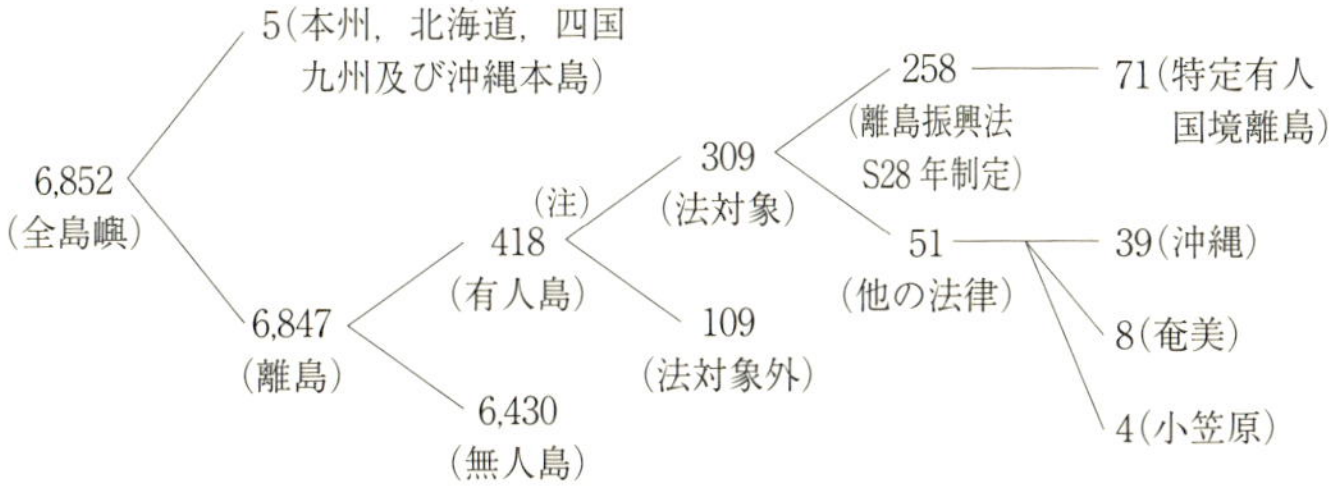

（参考Ⅰ-1）日本の島嶼の構成（平成 29 年 4 月 1 日現在）

（注）内水面離島である沖島（滋賀県）を含む。平成 27 年国勢調査結果に基づく島の数は集計中。

（備考）その他の法律：有人国境離島法（平成 28 年制定）
沖縄振興特別措置法（平成 14 年制定（旧法昭和 46 年制定，平成 14 年失効））。
奄美群島振興開発特別措置法（昭和 29 年制定）。
小笠原諸島振興開発特別措置法（昭和 44 年制定）。

（出典）海上保安庁「海上保安の現況」（昭和 62 年 9 月）のデータを利用。

るということである。ただし、日本の場合は、周囲を海で囲まれているがゆえに、陸上国境と比べると、地理的特性に加えてCIQ機関にもより注目しなければならない点も指摘したい。その意味では、皮肉にも日本に国境意識が乏しくなった理由もボーダーツーリズムを通じて見えてくるのではないだろうか。というのも、広義に単に空港も含めてクロスボーダーをとらえれば、国境隣接地域でなくてもクロスボーダーが可能になっているからである。それは東京の羽田空港や成田空港などからの国際便の数を見れば明らかであろう。

第二に、ツーリズムの観点から、近年の日本の国境離島地域に対する政策を評価することもできる。例えば、二〇一六年四月に制定され、二〇一七年四月施行された「有人国境離島地域の保全及び特定有人国境離島地域に係る地域社会の維持に関する特別措置法（有人国境離島法）」には、ボー

有人国境離島地域

（原図）内閣府総合海洋政策推進事務局作成

※ただし国境線は日本政府の主張によるもので，現在，本地図の北方四島はロシア，竹島は韓国の支配下にあり，有人国境離島地域には含まれない。

ダーツーリズムの対象となる島々も含まれている。その上で同法に基づき、二〇一七年度予算では、特定有人国境離島地域社会維持推進交付金が創設され、特定有人国境離島地域においては①運賃低廉化、②物資の費用負担の軽減、③雇用機会の拡充、④滞在型観光の促進が図られることになった。これにより当該離島住民向けの航路運賃がＪＲ運賃並み、航空路の運賃が新幹線運賃並に引き下げられ、また老朽船舶更新のための旅客運賃引上げを抑制されることになったことは、ボーダーツーリズムの観点からも非常に高く評価すべきである。そこで同制度に基づき、特定有人国境離島にて「もう一泊」したいと旅行者に思わせるような魅力的な旅行商品等の企画・開発、宣伝、実証及び販売促進といった取り組みの支援に基づき、特定有人国境離島地域を含む自治体が旅行会社と協力しながら島外観光客を対象とした支援対象の商品化を進めていくことが期待される。

また、ボーダーの観点から考察した場合、奄美、小笠原及び沖縄の離島は、有人国境離島法四条に基づく国の特定方針では有人国境離島地域に含まれているが、奄美群島振興開発特別措置法、小笠原諸島振興開発特別措置法及び沖縄振興特別措置法などで同様の補助が行われていることを理由に、有人国境離島法に基づく特定有人国境離島地域には含まれていない（右頁の図を参照）。そのため、法律上では有人国境離島法に基づく支援制度のない上記の有人国境離島地域でも今回の有人国境離島法の制定を機に同様の旅行商品が出てくることも期待されよう。

日本におけるボーダーツーリズム研究における課題としては、これまでの日本におけるボーダーツーリズムの実践に基づく理論化があげられる。先行研究との比較で、かつての（クロス・ボーダーツーリズムを含めた）ボーダーツーリズムの定義を用いて現在の日本のボーダーツーリズムを規定できなくなっていることを明らかにした。その背景として、日本に陸上国境がないこと、あるいは、交通網の発達があげられる。本章は上記の特徴及び変化を踏まえた新たなボーダーツーリズムの定義の試みであるが、さらなる精緻化が求められることは言うまでもない。また、この点に関連して、日本におけるボーダーツーリズムの類型化も課題としてあげられる。三原は、ボーダーツーリズムを含めたクロス・ボーダーツーリズムを展望型、単純往復型、ジグザグ型、周遊型に分類しているが、様々なボーダーツーリズムが国内外で企画される中で、それらがどのように位置付けられるかを考察することも学問的課題となろう。

さらに本章はボーダースタディーズからのボーダーツーリズムの考察を中心に行っているが、当然のことながらツーリズム研究（観光学）の観点からのボーダーツーリズムの考察も行われるべきである。例えば、ボーダーツーリズムによる観光効果、すなわち、ツーリズム（行く）が買う、働く、そして住むにつながる可能性に関する考察も期待されよう。

そして何よりも、実際はボーダーツーリズムと位置付けることが可能であるにもかかわらず、「ボーダーツーリズム」という概念に対する理解が乏しいために、気づかれていないものをいかにボーダーツーリズムと気づかせるかという点も課題としてあげられよう。

この点に関連して、ボーダーツーリズムをマスツーリズムと位置付けて発展させるべきであるのか、あるいはスタディツーリズムと位置付けて発展させるべきであるのかも今後の課題であろう。

マスツーリズムと位置付けると世論の認知が高まるが、その分だけ実施に向けた困難も多くなると思われる。他方、スタディツーリズムの観点から考えた場合、小学校・中学校・高等学校などの修学旅行に向けて売り込むことも考えられるが、その実現に向けていかに売り込むかという点のみならず、冒頭で述べたように、それをボーダーツーリズム研究としてフィードバックできるかも課題となる。なおこの点に関連して、本章の目的とは若干異なる議論になるかもしれないが、ボーダースタディーズ研究者(専門家)と旅行会社との連携強化も課題としてあげたい。というのも、これまでの日本におけるボーダーツーリズムにおいて専門家の個人的好奇心に他の参加者が引っ張られるという光景を何度か見聞きしたからである。ツーリズムで終わらせるなら必要ないかもしれないが、商品化する上では専門家がいなくても催行する必要があることから、特にマスツーリズムを志向する場合は旅行会社における専門知識の理解も必要であると思われる。

おわりに

本章では、「ボーダーツーリズムが問いかけるもの」と題し、日本各地で行ってきたボーダーツーリズムに関して、改めて学問的見地からの考察を試みた。その結果、陸上国境を前提としたクロス・ボーダーツーリズムの定義に沿えば、日本においては存在しないが、海上国境という条件を踏まえて再定義すれば、日本においてもクロス・ボーダーツーリズムも含めたボーダーツーリズムの学問的裏付けが可能になることを明らかにした。その意味で、本書で何度か触れられているように、二〇一五年に『現代用語の基礎知識二〇一六』で「ボーダーツーリズム」が採用されたのも当然であるかもしれない。ただし、観光効果をはじめ、その発展性を考えるためには、さらなる精緻化及び他分野の研究者との連携の必要性も明らかになった。この点に関しては、筆者の所属する境界地域研究ネットワークJAPAN（JIBSN）やNPO法人国境地域研究センター（JCBS）ひいては二〇一七年七月に発足したボーダーツーリズム推進協議会（JBTA）での活動を通じて考えていきたい。

最後に、二〇一六年一二月一六日の日露首脳会談の結果、「関係省庁に、漁業、海面養殖、観光、医療、環境その他の分野を含み得る共同経済活動の条件、形態及び分野の調整の諸問題について協議を開始するよう指示する」ことをはじめとする共同文書が発表された。この首脳会談に関しては、「共同経済活動や元島民の自由往来が実現したとしても、それは日本にとって（領土問題解決の）成果にはならない」という岩下明裕氏の厳しい指摘もあるが、約二〇年前に「ビザなし観光」を提唱した根室市の水産加工会社社会長でJCBSの有力な協力者でもある小林邦弘氏のように「観光交流を通して両国民が行き来すれば、地域活性化にもつながる」と期待する意見もある。もし観光交流が進んだとすれば日本のボーダーツーリズムの発展にも寄与するのではないだろうか。この他、長崎県五島市と韓国・済州島、小笠原における硫黄島や沖ノ鳥島への海洋観光なども実現すれば、本章で考察した日本のボーダーツーリズムの学問的意義の発展にもつながる可能性も指摘しつつ、本章を締めくくりたい。

参考文献

Konrad, Victor and Heather Nicol, *Beyond Walls: Re-Inventing the Canada-United States Borderlands*, Ashgate, 2008.

Martínez, Oscar J., *Border People: Life and Society in the U.S.-Mexico Borderlands*, University of Arizona Press, 1994.

溝尾良隆『観光学』古今書院、二〇〇三年。

三原義久「クロスボーダーツーリズムの観光実態に関する考察」『大阪明浄大学紀要』第三号、二〇〇三年。

松村公明「中国吉林省・延辺朝鮮族自治州における国境観光の地域的特色」『立教大学観光学部紀要』第一一号、二〇〇九年。

山下晋司編『観光学キーワード』有斐閣、二〇一一年。

その他、『日本経済新聞』『長崎新聞』『八重山毎日新聞』『稚内プレス』などを参照。

（追　記）

本章は科学研究費補助金・挑戦的萌芽研究「日本の国境警備論の構築」（課題番号15K12998）に基づく研究成果の一部である。また、本章で言及した内閣府及び国土交通省の施策に関する資料及びそれらの詳細に関しては、内閣府海洋政策本部事務局・赤間康一氏と国土交通省国土政策局離島振興課・中村恭子氏のご提供並びにご指導を受けた。記して感謝したい。

北方領土での共同経済活動とボーダーツーリズム

一年ほど前、「ボーダーライン」というサスペンス映画を観た。アメリカとメキシコ国境の麻薬戦争の実態を描いた米映画だ。巨悪化するメキシコの麻薬カルテルを殲滅するため、ＦＢＩの女性捜査官が極秘作戦を展開する。

合法と非合法が紙一重で、善と悪との境もあいまいなグレーゾーン。そこではボーダーならではの「秩序」が優先で、法も正義も無力だ。グレーゾーンで暗躍する組織が存在し、その不透明さが一攫千金をもたらす。水は低きに流れ、いくら「壁」を築いても、どこかから流れ出る。地下トンネルを塞いでも、別の抜け穴がどこかに造られる。それがボーダーのボーダーたるゆえんだ。

「境界」を意味するボーダー。「辺境」「国境」「境」「境目」「周縁」「端っこ」、場合によっては「フロンティア」とも呼ばれる。ボーダーの浮沈は、隣り合う世界とのつながり方で決まる。だが、映画と同様、水面下の経済が地域を支配しがちだ。

北海道本土の東のボーダーで北方領土問題の定点観測を始めて足かけ二八年が過ぎた。これまで生きてきた人生の半分、ある意味で分水嶺を越えた。それでも飽きない。他の地域にはない刺激にあふれているからである。麻薬カルテルとまではいかなくても、かつてはスパイ映画もどきの「レポ船」や違法改造の高速漁船「特攻船」が暗躍し、現在も密漁や密輸、違法操業が水面下で行われている。合法非合法ぎりぎりのアンダーグラウンドな経済が地域経済を実力以上に潤わせてきた。

そのボーダーで今、「共同経済活動」が始まろうとしている。二〇一六年一二月の日露首脳会談後に発表された「プレス向け声明」では、共同経済活動の例の一つとして「観光」があげられた。黎明期のボーダーツーリズムがどう関わっていくか。非常に楽しみでもある。

ボーダーの魅力は、何の変哲もないところに潜んでいる。なにしろ水面下で行われている経済である。そもそも、見ただけでわかる類のものではない。間違っても暴露されてしまわぬよう、正体は目につかないところにじっと身を潜めているのだから。

だからこそ、ボーダーツーリズムは、隣接地域やそこに暮らす人々との関係、歴史や自然、社会的背景、地政学的な意味や重要性、それらのメッセージを説明できるある種の仲介者（インタープリター）を必要とする。いま食べているカニやウニがどこで漁獲されて食膳に供されるか、近年どうしてラッコが道東沿岸に来遊するようになったのか、隣接するボーダーに暮らす人々と境界地域がこれまでどう関わってきたか、など説明を受けることでボーダーツーリズムの魅力は倍化する。

安倍晋三首相は、日露の境目が判然としないグラデーションを描きながら係争地解決の「新たなアプローチ」を探ろうとしているようにみえる。首脳会談後の「この地域の未来像を描き……」との発言からそれはうかがえる。ひょっとすると、ある種の緩衝地帯（バッファーゾーン）のようなものを想定しているのかもしれない。

だとすれば、「新たなアプローチ」を機に、従来のアンダーグラウンドな経済を「まともな経済」に転換させるような未来像を描いてもらいたい。間違ってもボーダーの混沌をこれまで以上に混沌とさせるような未来像を描いてはならない。

（毎日新聞記者・本間浩昭）

根室市と北方領土の新たな交流を考える

晴れ渡った納沙布岬からわずか三・七キロのところに貝殻島灯台が見えます。ですがこのわずかな距離の中間には、見えない壁が七〇年以上もの間存在しています。

風の匂い、海の波、飛び交う鳥の群れ、魚たちが起こすしぶき、それは七〇年前から何も変わらずに「ここ」にありますが、ここに暮らす住民だけが歴史がつくりあげた見えない「境界」に翻弄され続けてきました。

私たちの目の前にある「北方領土」はまぎれもない日本の領土でありながら、その歴史的な背景は複雑で深く、戦後七〇年以上を経た「二一世紀」においても自由な往来が制限されています。そして平均年齢八〇歳を超えてしまった元島民の憤りと悲しみは、返還要求運動とともに静かに緩やかな歩みに変化してきました。

根室市においては、まさしく「北方領土問題」が地域の経済・観光に大きくそして複雑に影響を与えており、旧ソ連の崩壊とロシア連邦の誕生から北方四島交流の開始による二五年の間、残念ながら「四島返還」には至っていないのが現状です。

今、世界はグローバル化と様々な分野におけるボーダーレス化が進んでおります。

本年度、北方四島との共同経済活動への可能性に向けた協議がスタートすることとなりました。根室市は「国境地域」ではありませんが「境界地域」ではありますので、異なる文化の交流地点として、今こそ積極的な情報発信と新たな可能性を生み出していく時期にあると言えます。

北方四島交流は返還要求運動の一環ですが、その枠の中で「釣り」や「バードウォッチング」といったオプショナルツアーのようなメニューを追加するだけで、参加者同士の交流の場は大きく広がります。

「返還要求運動を七〇年以上続けてきたのに」、「北方四島交流を二五年以上続けてきたのに」、何も結果が生まれなかったではなく、「それらを続けてきたからこそ」これから結果につながるための「新しい交流」があるのではないでしょうか。

根室と北方四島に共通する自然と海をテーマとしたＳＮＳなどを利用した相互の情報発信、最も近い異文化の交流拠点として音楽、芸術、サブカルチャーなどはすぐにでも広がります。こうした中で日本文化とロシア文化の二つの輪を重なり合わせて相乗効果を生み出していくことが大切と感じます。

経済も含めた交流には、法的な問題や特区構想など課題はあ

納沙布岬から水晶島をのぞむ

りますが、交流の基本は「人と人とのつながり」です。我々を取り巻く風や海に境界はなく、鳥たちや魚たちは今も変わらずに自由な往来を行っています。

今までの交流ステージでは難しいのであれば、新たなステージをつくるだけでいいのではないでしょうか。根室地域を中心にして波紋が広がるように、たくさんの「つながりの花」を咲かせるために私自身も微力ながら取り組んでまいります。

（根室市・松﨑誉）

「国境に行く」をデザインしよう

「今ハマっているものは?」。先日登壇したイベントで聞かれ、即答しました。「ボーダーツーリズム!」。それほど大きな関心と期待を寄せています。

二つ理由があります。一つは、国境は資源になるということです。私は昨年行われた八重山・台湾のツアーに参加しました。普段意識することが少ない日本の国境を、改めて意識しながら越えるという初めての体験に、テンションは上がりっぱなし。加えて、両地域の歴史的なつながりを学ぶことができるツアーの内容が非常に魅力的でした。例えば、石垣島で食べた絶品のパイナップル。栽培している台湾人二世の方から、もともと台湾から来たというパイナップルの歴史の物語を聞くことで、パイナップルはさらに美味しく、そして台湾を身近に感じることができました。

これまで国境というのは行き止まりの壁でした。国境地域の多くが人口減少や過疎化に直面していますが、ボーダーツーリズムという仕掛けを用意することで、行き止まりではなく、玄関口となって人が動きます。人が来ればアイデアが来て、地域にお金も落ちて経済的な効果も生まれるはずです。

もう一つの理由は、ボーダーツーリズムは「平和」につながるということです。「領土問題や国境地域にもっと関心を持つべきだ」というのは確かに正論ではあります。しかし、人は直接見ていないものにはどうしても想像力が働きにくいのではないでしょうか。

そこで、ボーダーツーリズムという、「国境に行く」をデザインした新しい観光のかたちを提示し、実際に国境地域と対岸を訪れて、現地の人に会ってもらう。そうすれば、もともと関心を持っていなかった人でも「国境や国って何だろう」「領土問題って何だろう」と自然に思いが至り、少しずつ意識や行動が変わっていくのだと思います。

これまでの取材を通して、領土問題の本質は「自分たちは絶対的に正しく、相手は絶対的に間違っている」という思考停止なのではないかという問題意識を持つようになりました。それが国対国ではなく、個人と個人がつながることによって、この思考停止がほどけると言い換えてもいいかもしれません。

ボーダーツーリズムが普遍的になれば、領土問題や国境地域をめぐる問題も改善に向かうと信じていますし、そのためのお手伝いをしたいと思います。

（ローカルジャーナリスト・田中輝美）

座　談　会――旅づくりの舞台裏

岩下明裕（司会）
島田　龍
花松泰倫
高田喜博
古川浩司
山上博信

私がボーダーツーリズムに関わった理由

岩下　では座談会を始めます。まずボーダーツーリズム（国境観光）に皆さんが関わったそれぞれの経緯についてお話しください。なぜこれに関心を持ったのか、理由、経緯などについて一言ずつ、お願いします。関わった順番からいうと島田さんからですね。

島田　私が最初にボーダーツーリズムに関わったのは二〇一三年一二月に実施した対馬・釜山のモニターツアーの企画のときです。二〇一三年四月頃だったでしょうか。もともと九経調（九州経済調査協会）は境界地域研究ネットワークＪＡＰＡＮ（ＪＩＢＳＮ）の特別会員だったのですが、担当であった加峯隆義さんが異動になったため、後任を決めねばならなくなりました。そのとき、ＪＩＢＳＮで観光をやるという話があったため、私の大学での専攻が観光学だったもので後を継ぐかたちになりました。二〇一三年一二月の対馬・釜山ツアー、そして二〇一六年六月、三年がかりでやっと実現できた八重山・台湾のツアー、この二つの企画、実施が私の仕事です。

岩下　最初の経緯をあまり覚えていないのですが、学術振興会の実社会プログラムで「国境観光」のプロジェクト経費がとれたことが端緒でした。このプログラム、人文社会系の先生方が机上の学問ばかりやっているので、おまえら少しは社会貢献して成果を世の中に還元せよという趣旨のものでした。実はこれに申請する以前は、自分がボーダーツーリズムをやるなんていうことは考えてもいませんでした。このプロジェクトは向こうからテーマが与えられ、これに応募するかたちなのですが、それが「観光」だったため、頭をひねりました。そしてそうか、よくよく考えたら私たちは境界地域の自治体と国境を越えて一緒に旅行をしていたよな、これをビジネスにしようと提案したわけです。そして一番やりやすいのは、飛行機や船などキャリアがそろった対馬だと。

まったくの偶然だったのだけど、福岡の九州経済調査協会の担当者の後任は観光学の専門家で対馬のことに詳しいやつだという。福岡で対馬に行っている人はそんなにいないのに、これは素晴らしいと盛り上がったのを、いま思い出しました。あとはこれだけ経費出せるから、よろしくお願いしますという感じでしたね。

島田　そうですね。

岩下　花松さんはどういう経緯でボーダーツーリズムに関わったんですか。

花松　振り返れば、二〇一二年一一月にＢＲＩＴという境界研究の国際会議をやって、福岡と釜山で連続開催をしたわけですが、その間にフィールドトリップを対馬でやるということになりました。フィールドトリップのアレンジを私がやったのが対馬との最初の関わりでした。そして、その年の終わりに岩下さんとお礼に行ったのですが、釜山から対馬に入ってみました。そのときに。

岩下　ＢＲＩＴでお世話になった東西大学校の総長や国際担当の方にお会いしましたね。

花松　釜山から対馬に入るとそこに違う風景を見たわけです。釜山港のフェリーターミナルで韓国人観光客が免税品をたくさん受け取って出国するのだけど、ロッテデパートかなにかの袋をごみ箱に捨てていました。要するに、出国のときに免税品を持って出てそのまま持って帰るという一人「担ぎ屋」で小銭稼ぎをしているわけだけど、このゴミの山を見て、これは面白い、と二人で話をしました。このときの関心が出発点です。

岩下　そうだった。このとき初めて釜山から対馬の比田勝に渡って、これは面白い、この地域は劇的に変わっていくと直感したんだ。面白い、もっとここに来なきゃいけないと僕らは思ったんだね。

花松　そうです。それにまだ韓国人観光客がちょうど増える端緒の時期でした。二〇一二年から二〇一三年ですから。

岩下　対馬と釜山を結ぶ船が、それまでの大亜のみから、未来高速（コビー）とJR九州高速船（ビートル）を加えた三社体制になってすぐの頃だ。

花松　そうです。すると韓国人がわーっと来たときに対馬がどう対応するのかしらという問題意識が生まれ、それで対馬市からの支援を受けて調査のために島に通ったのが、二〇一三年です。

岩下　これが学術振興会の実社会プログラムと重なったわけだ。

花松　そうですね。ただ当時の私は、どちらかというと韓国人観光客を対馬がどう受け止めるかという点が主眼にありました。しかし、この実社会プログラムによって、逆に日本人が対馬を通って釜山に行く国境観光をつくれないかという問題意識になり、島田さんに話がいったというのが経緯です。

島田　これを契機にいろいろ企画を増やしたはずです。僕の手掛けた国境観光は一般向けのモニターツアーでしたが、それ以外に花松さんと岩下さんの現地調査、そして九州国際大学の木村貴さんと花松さんがやった釜山から韓国人観光客のツアーに紛れ込むというもの。

岩下　あれは韓国語ができるから木村さんに潜入してもらって、韓国人観光客が何を言っているのか探ってこいというルポ企画でしたね。本当は二回行くはずだったんだけど、比田勝だけしかできなかった。

花松　この二〇一三年にもろもろの調査をして、成果を出さねばならないということで島田さんも書いたかな。私も二〇一四年に入って最初の三カ月で何とか報告書を書いたんですよ。すると、これをこのままインターネットに載せるだけではもったいない、という話になり、ＮＰＯ法人国境地域研究センターのブックレット創刊号『国境の島・対馬の観光を創る』（北海道大学出版会）として出すことになりました。本当に急展開で一、二カ月の間に出版までいったのです。

島田　早かったですよ。二〇一四年二月にグローバルＣＯＥプログラムのファイナルシンポジウムで北大に行って報告をしたのですが、そのあとですよ。島田さんのパートもブックレットに収録させてくれと言われて。

岩下　思い出しました。ブックレットについては北大出版会と話をしていて、新しくできたＮＰＯ法人国境地域研究センターの目玉としてそういう企画をやろうということで一気に盛り上がりました。今や二号で根室・与那国、三号で稚内とサハリンの国境観光と国境地域の現状と展望を全国に発信するシリーズとして定着している。ブックレット・ボーダーズという名前は出版会の編集者が気に入ってつけたのだと記憶している。でも、出たとこ勝負だな。

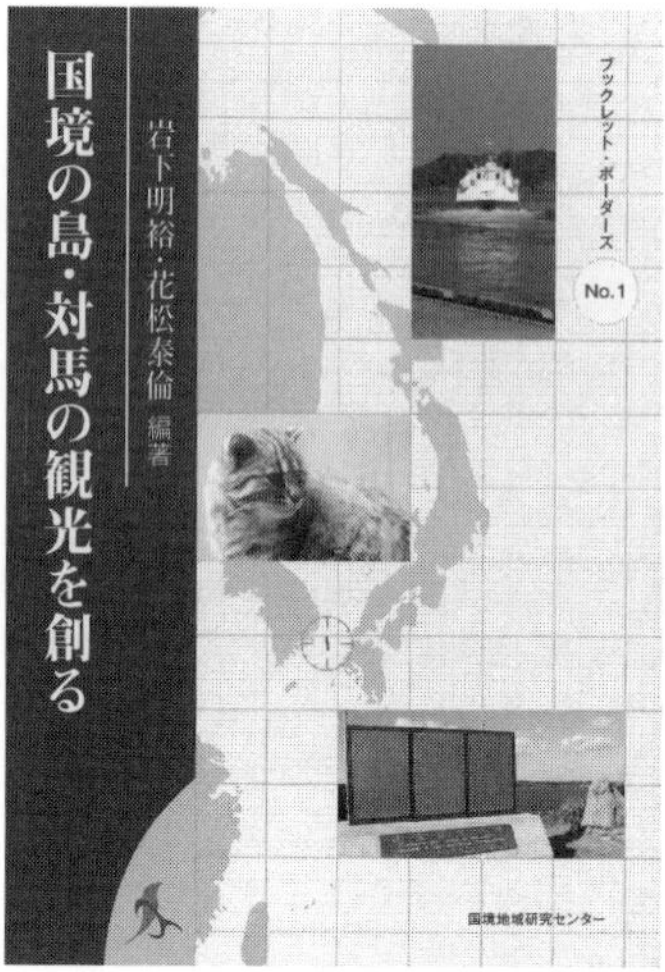

JCBSブックレット創刊号

日本の東と西を結ぶ

ボーダーツーリズム実践記録

花松　本当に（笑）。島田さんが二〇一三年一二月に最初に対馬・釜山のモニターツアーをやられて、その後島田さんが八重山・台湾を手掛けるようになったので、私が二〇一四年二月に九州大学に移ったのをきっかけに対馬を引き継いだという感じです。

ボーダーツーリズムの誕生

岩下　それから花松さんは対馬でいろいろな事業を手掛けるようになる。ブックレット創刊号も対馬空港でも厳原港でも完売しましたね。さて高田さん、次は北海道に眼を転じますが、どういう経緯で国境観光に巻き込まれたのでしょうか。巻き込んだのは私ですが、当人はあまり覚えていなくて（笑）。

高田　島田さんと花松さんの対馬・釜山で道筋ができていて、その拡大を考えたときにどこで可能かという話になりました。私もＪＩＢＳＮに関わっていたので北海道の境界地域の振興をやりたいと考えていました。

岩下　ＪＩＢＳＮの年次集会にはＨＩＥＣＣ（北海道国際交流・協力総合センター）もいろいろ支援してくださっていました。

高田　ええ、積極的に。地域振興でボーダーツーリズムと聞いたときに、これは稚内の地域としての課題とぴったり合うと思いました。稚内では

サハリンとの交流が大事なのですが、そのための基礎インフラとしてフェリーの就航を維持するという問題がありました。ボーダーツーリズムで人の流れをもう少し太くして、サハリンとの交流をこれまでと違うかたちで、特に観光という文脈で発展させたい、これを通じてフェリーの維持を目指したいと考えました。

当時、サハリン観光というのは、北都観光さんが手掛けてきたように稚内発でもあったけど、稚内の観光とサハリンのそれをつなぐという観光はなかったので、これは面白そうだと入り込みました。どうしても北海道では札幌中心の事業になってしまいがちなので、地方に眼を向けるいいきっかけにもなると思いました。

岩下　二〇一二年夏にやったＪＩＢＳＮの稚内・サハリンのセミナーで、高田さんも花松さんも参加されていたけれど、本書の序章で触れたようになかなか苦労をして、もう二度とサハリンに行かないとまで思っていたのに、また縁ができてしまって(笑)。自分であまりやりたくないから高田さんにやっていただいてありがたいという気持ちがありますね。ところで古川さんもこのＪＩＢＳＮのセミナーに参加しておられました。古川さんは自らツアーを組織したことはないわけですが、ＪＩＢＳＮ副代表幹事(代行)という立場から、ボーダーツーリズムを見てこられ、またいくつかのツアーに参加され、どのように感じておられますか?

古川　自分自身も旅行が嫌いではないので、参加できるところはしたいと常々、思ってはいます。二〇一一年一一月にＪＩＢＳＮが発足したわけですが、北大のグローバルＣＯＥプログラムが終わる中で、これからどうやったら境界地域を盛り上げることができるのだろうかと思案していました。そのとき岩下さんがおっしゃった実社会プログラムがあり、JIBSNこそ研究者と実務家を結び付ける枠組みで、社会貢献にこれ以上、向いているネットワークはないということで賛同しました。それは私たちには国境を越えたセミナーを通じてすでに資源や経験が十分にあったわけですから。

対馬・釜山や稚内・サハリンだけではなく、与那国・花蓮、そして国境を越えられないとはいえ、根室や小笠原、隠岐の島といった展開もできるわけです。自治体連携をもとにボーダーツーリズムを盛り上げれば、境界地域にとっても非常にプラスになると思いました

岩下　JIBSNの国境セミナーをやり、国境を越えてフィールドワークをみんなでやっていたときには、こんなことになるとはまったく思っていませんでした。当時の体験を思い起こせば、国境なんて越えずに、稚内だけ、与那国だけ、対馬だけとかでやる方が楽ですよね。国境を越えて向こう側に行く、向こうでもセミナーをやるというのはやはり厳しい。花松さんも言ったけど、BRITは苦しかった。稚内・サハリンもきつかった。でも個人的には二〇一一年にやった与那国・台湾の国境フォーラムが大変だった。特に台湾の飛行機をチャーターして与那国から花蓮まで飛ばすというのが。こんなの学者がやることじゃないよね、

そもそも。ではＪＩＢＳＮセミナーにはほぼ皆勤の山上さん、いかがですか？　山上さんはボーダーツーリズムそのものにはさほど参加していないけれど、これが生まれてくるプロセスについては古川さんと同様によくご存じでしょうから。

山上　僕も今回、国境地域研究センターのホームページやら、昔のイベントの記録を見直してきたのですが、ずいぶん自然発生的にやっているものだなと思いました。例えば、二〇一五年六月の国境セミナー in 東京とか、日本初のボーダーツーリズムをつくるというやつ。

岩下　島田さんがやったセミナーですね。

山上　そうです。ですから、すごく急速に出来上がってきたという感じがするのですが、他方で個人的には、二〇一六年九月の中国の綏芬河を越えてロシアのウラジオストクに行く国境紀行などは、一人旅で越えている友人とか、鉄道好きなやつとかが実践しているように思います。それまでマニア的であった旅が、やっと商業ベースというか、グループで一般人を巻き込んでの旅行になってきたという感じですね。私は小笠原に昔、よく通っていたので、その経験を言えば、一見、国境を越えないのですが、実は国境がかつてあり、より南へつながっていた航路が今は切れている場所をそのつながりの中で見せるということもボーダーツーリズムなのだろうと思います。古くは対馬も、石垣も遠かったのですが、飛行機や新空港のおかげでずいぶんダイナミックな国境越えができるようになりましたね。感慨深いところです。他方で、稚内ではハートランドフェリーが撤退したのですが、新会社がペンギン33といった双頭船をチャーターしてかろうじて航路を維持しましたね。いずれにせよ、日本が海洋国家として生きていく中で、どのようにこれらのルート一つ一つを守っていくかというのは重要な課題でしょう。境界で暮らす、国境地域に住む方々の視点を旅行者が少しでも感じる意義って大きいと思います。そういう事業に関わることができたという点で言えば、学問的な領域も大事ですが、楽しめるという点がいいですね。ある意味、「るるぶ」のようなボーダーツーリズムをやりたいですね。

ボーダーツーリズムの取っ掛かり――旅行会社と地域

岩下　では、座談会も第二ラウンドに行きましょう。ここには実際にボーダーツアーをつくった方が三人います。お三方にはアンケートもとっていただきました。ボーダーツーリズムをつくろうとする場合、何を一番の鍵としたのか、おうかがいします。

島田　二点あって、一つは旅行会社との関わり方をどうつくるか、つまり、どう商品化するかが肝になります。旅行は昨今、個人化が進んでいて、マスツーリズムから離れつつあるのですけれども、新しい旅行、特に対馬のように、もともと日本人が行かないところで旅行をつくろうとすると、マスツーリズムをやらなければ、島内で観光業が成立していないため、旅行会社が乗れない部分がありました。要するに、旅行会社を最優先に考えて企画しないと、うまくいかないのです。

問題は旅行会社の中のルールです。大きな会社であれば、国内と海外は別の部門で別会社のように行動します。国内ツアーと国外ツアーを一緒の行程にするというのはやりにくい、やりたくないようです。例えば、予約端末もマッキントッシュとウィンドウズのような違いがあります。また旅行会社に航空会社から卸してもらう飛行機のチケットも、様々な条件があり、国内と海外を一緒に行く行程だと安く卸せないことがままあります。こういった旅行業者の中のしきたり、境界が明確にあり、私たちがなかなかそのあたりを理解するのが難しい。何とか手探りでやって、旅行会社にとっても魅力を感じてもらえるようなものをつくるしかないというところがあります。

もう一点は、やはり地域をどう巻き込むかというところです。対馬でやったときはある程度まで、旅行会社と私たち、対馬市の三者で考えることができましたが、八重山となると目に見えないコンテンツのどれをどうつくっていくかがわからない。旅行会社が今まで持っていたコンテンツでは商品にならないので、地元でこれを新たにつくっていかないといけない。当然、地元の自治体は関わってもらうとしても、それだけでは不十分で、地元の経済団体、観光関連の事業者といった協力をいかに取り付けるかというところも課題になるということです。

花松　対馬・釜山のことで言えば、島田さんが先陣を切ってやっていただいたおかげで、そういったハードルは越えられていた状態でできたという面があります。さらに私がお付き合いさせていただいている近畿日本ツーリスト九州の担当は二田茂行さんですが、ボーダーツーリズムに比較的理解がある方なので、旅行会社との付き合い方の難しさを感じたことは個人的にはありません。

ただ地元の人との関わりの問題はすごく重要で、対馬の場合は行政だけでなく地元の観光関連事業者とも十分な協力関係が持てるよう心懸けました。受け入れ先にも私があいさつをして回って作っていったという経緯があります。まったく面識のない旅行会社なら断られたであろうお願いも、無理をして聞いていただいたようなこともありました。

それとの関連で、今後も含めてどこが鍵になってくるかというと、やはり我々はしょせんどんなに地域にコミットしようと、よそ者です。よそ者が特定の地域のツアーを未来永劫つくり続けるというのはおかしいし、できることでもない。地元の人がどこかで、こういう取り組みを引き取って自前で回していくようにならなければならない。そういう観点から、私が手掛けたツアーのときには地元の婦人会に相談して、今までやったことのない体験プログラムを準備しました。これが続いていくようになれば、地元の方からもボーダーツーリズムを自分たちでつくり、釜山とつながろうという方向に行くのではないかと期待します。

岩下　少し議論した方がいいと思います。旅行会社が大事である、熱意のある旅行会社がないとできない、これはたぶんそのとおりです。特にその旅行会社の担当者本人が鍵だろうと思います。花松さんのツアーも近畿日本ツーリストの看板は使っているけど、会社ではなく二田さんがやってくれているんだし、中露国境もエムオーツーリストそのものではなく濱桜子さんがやっているわけです。稚内・サハリンをやる北都観光だって米田正博さんが熱心だからこそ。こちらについては私はとてもよくわかります。ただ、もう一つの点は少し疑問があります。完全に地元の人がやるというのが本当にいいのでしょうか。なぜかというと、私たち、よそ者だからこそ、わかる地域の魅力があるわけでしょう。地元の人たちは自分たちの魅力を本当にわかっていないこともままありますし、また地元が見せたいものと訪問客が見たいものが違ったりする。双方のマッチングは難しいものです。例えば、これは笑い話ですが、稚内市のサハリン課の中川善博さんが言っておられましたね。ロシア人に一番受けないのは、サロベツ原野であると。こんな何もない原野を見てロシア人が感動するわけないだろうと。サハリンには至る所にそれがあるのだから。都会から来た日本人は感動するのですが(笑)。これは極端な例ですけど、花松さんはこの点をどう考えるのでしょうか。

花松　地元の人と言うときにも、いろいろタイプがあって、ずっとそこで生まれ育った人から、途中で移住した人とか、いろいろいますよ。その中で特定のカテゴリーの人だけがつくって維持していくというのは、私もどうかと思います。よそ者の目というのは非常に重要だと私も思います。ただ、よそ者の視点を獲得した地元の人もいるのです。確かに地元の人には自分たちの地域のことが見えてない部分もありますが、よそ者にはわからないことも知っています。そういう部分、部分をうまく組み合わせながら、内発的に地元の方々が自分たちでつくっていくという面が、今後必要になってくるのだと思います。

岩下　これは非常に重要な論点ですね。そういうものがまったくなかったら旅行会社によって単に消費される対象としての観光地でしかないわけですから。

高田　旅行会社は一番大切なパートナーですが、私たちの目的は地域振興、地域活性化にもあります。旅行会社にとっては旅行商品を売ることが主目的ですから、私たちと目的が若干違います。とはいえ、さきほどの地元の人とよそ者の相互作用もそうなのだけど、多少とも目的や考え方の違う人たちでも、みんなで集まって一つのものをつくりあげるということが大切だと思います。旅行会社の視点とか目的を理解しながらも、協力できる部分を考えなければなりません。

ボーダーツーリズムのコンテンツをめぐって

島田　コンテンツを考えるときにも、それがありました。何か八重山と台湾をつなぐものというので、最初に考えた一つに、「占い」でつなげられないかと思いました。八重山に限らず、沖縄にはユタの文化がある。台湾は日常的にみんなが占いをしている。だから両方で何か占ってもらったらどうかと。でも八重山のユタを観光に組み込むなんてのはもってのほかとお叱りを受けました。

これは今回の国境観光ではなくて、私が学生時代にフィールドワークでやっていたときのことですが、ある美術館に行き、ここに観光客は来ますか、とたずねると、うちは観光目的でやっているのではないと怒られました。旅行と観光、つまり、Tourism と Sightseeing というのは割と混同されていました。「うちはお寺なんです」ということで参拝客は受け入れるけど、観光客はお断りという話もあったりします。だから、地域にご協力いただかないと難しい面もあります。観光といっても爆買い中国人みたいなものだけではなく、参拝客も観光客ですよ。美術館に絵を鑑賞に来るのも観光ですという考え方を普及しなければならないし、それを通じて地域を巻き込んでいくことをやらねばいけないんだろうなと。

山上　それについて今日面白い記事を見つけました。岐阜県の美術館が Twitter の四コマ漫画で、普段着感覚の観覧者も来てほしいというメッセージを寄せています。美術館のお客様というとおしゃれな方が多そうですが、ぶらっと美術館に行くかというような日常感を歓迎しています。地域の人と一緒に軽く利用を促進するというものがあったらいいのかなと思います。

岩下　コンテンツについて少し突っ込んでみましょう。地元が見せてくれないもの、見せたくないものをどうやって見せていただくかというアプローチは大事です。国境観光なんていうのは、基本的に見せたくないものの方が多いのですから。国境なんて本来、対象にならないはずのものを観光として見せていただきましょうというアプローチそのものが斬新です。また、今まで気づかなかったものを見せてもらって面白いと思う客の方も、たぶん新たな発見があるのだから、そういう意味では非常にチャレンジングなことを我々はやっています。

高田　島田さんの苦労みたいなものはないですね、稚内では。というのも、サハリン観光をやっている業者があり、稚内市役所が協力してくれる稚内の観光をプラスするかたちでできますから。旅行商品の造成という観点から言えば、二つの観光をミックスさせることについての苦労はあまりなかった。幸せでしたね。では何が大変かというと、今までのサハリン観光のような単なる海外旅行と、このボーダーツーリズムはどこが違うのですかと訊かれたときの回答です。今までとどこが違うのか、そしてボーダーツーリズムの目的を明確にしなければならない。コンセプトを明確にした上での、コンテンツの盛り込み方の仕掛け、つまり、旅のストーリー性がないと、他の観光と区別がつかない。ボーダーツーリズムならではのものをつくるのが難しい。これが一番苦労した点です。

あとお客さんを呼ぶ、すなわち、商品化する難しさ。我々が興味を持つ雑多なものがいくつもあるのだけど、それをどうやって組み立てて見せるか。できれば対馬・釜山のツアーや、八重山・台湾のツアーの持つ問題意識やコンテンツと稚内・サハリンもつなげたいし、あれこれ考えながら商品化を考えると、やっぱりボーダーツーリズムの鍵はストーリー性につきるという結論に至りましたね。

岩下　新しいものをつくったら、今までにないから面白いねと言われるのはわかるのですが、今までにあるやつのアレンジだと、どこが違うのですかと言われます。それでもサハリンに行くということだけで、東京あたりの人は心を動かされるようです。直接、成田から飛行機ではなく、稚内から船で行くというので、もっと動かされる人はいますけど。そういう意味では、道東オホーツクのツアーが個人的にはつらかったです。根室とか網走とか自分たちだけでレンタカーで行けるじゃないか。何でこんなバスで三日間もかけて、こんなに金を払わなきゃいけない、と思われます。この敷居の高さを突破するのは非常に難しかった。参加した人はみんなよかったと言うけれども、集客にはとても苦労しました。毎日新聞の全国版、北海道新聞の全道版、いろいろメディアに取り上げてもらったけど、それを見て参加した人というのがほとんどいなかった。

ボーダーとは何かを問う

岩下　古川さん、つくる側はいろいろポイントを絞って考えてはいるのですが、参加者として見た場合、コンテンツの魅力が伝わっていますか。

古川　より多くの人たちに参加してほしいからこそ、企画側の思いは伝わってきます。ただ、若干、思いが強すぎるところもあるようです。例えば道東から道北へのツーリズムのときにみんなが言っていたのは、これはボーダーツーリズムなのか、それとも鉄道廃墟ツアーなのかと少し悩みました。北海道教育大の武田泉先生の八面六臂の活躍で確かに鉄道跡を見るのは面白かったのですけどね。ただそうなると、ボーダーって何なのかというところに戻っていかざるを得ません。小笠原のツアーでも同じことを実は考えていて、小笠原でボーダーというと戦跡なのか、やはり「砦」の記憶なのだろうかと。道東、道北に戻ると、稚内に近い猿払村にサハリンと結ばれていた通信所跡がありますす。あるいは根室にも同様に国後とつながっていた通信所跡があるわけですが、ああいうのを見るとボーダーだとイメージしやすかったですね。他方で、心のボーダーとかも踏み込んでしまうと、東京でも名古屋でもできますから、そこまで行くべきなのかどうかと。最初の対馬・釜山モニターツアーで島田さんがパワースポットで集客を図ろうとしたわけですが、それは別に対馬でなくても釜山でなくてもいい。いみじくもパワースポットで募集したけれども、それが目当ての人がいなかったとのご報告を聞くと、こだわりすぎることで他所の場所とは何が違うのといった話になるという課題があるように思います。

岩下　要は古川さんが主張したいのは、ボーダーツアーのコンテンツはやはりボーダーランズ（境界地域）だと。つまり、ボーダーランズというのはかつての「砦」であり、今の「交流の前線」であり、いわば場所なんだと。そこをなくすと本来のボーダーツーリズムではなくなると。

古川　そうです。だからパワースポットを中心にするとパワースポットツーリズムになる。占いだと占いツーリズムになってしまう。じゃあ、別にボーダーランズでなくてもいいということです。

高田　占いだとボーダーを越えて、こっちと向こうに同じような文化があって、ボーダーでつなぐことができるかもしれないけど、パワースポットだと厳しいなあ。

岩下　でもパワースポットも単独ではなく、国境をそれぞれ挟んで似たようなパワースポットというのもあるのではないか。

島田　でも、あのときは単なるパワースポット（笑）。ただ補足すると、あれはパワースポットをやった理由があって、結局、福岡の方々を対象にしたわけで、対馬にも釜山にも別々に行けることを前提にしていました。直接、ビートルや九州郵船で行けますから、別々に行けばいいのです。その方がよっぽど安い。ですから、対馬と釜山を「わざわざ」合わせて行く魅力を考えないと、福岡発対馬経由釜山という行程が成り立たないと考えました。

そこで福岡のお客さんで釜山に行く人たちは、グルメであり、美容であり、ショッピングや韓流コンテンツに惹かれている、一方で対馬に行っている日本人のお客さん、多くはありませんが、対馬の自然や歴史を見に行く。対馬に行くのと釜山に行くのではお客さんのターゲットがまったく違うため、ルートをつなぐだけだと、この両方に食い付いては来ないから、旅行企画が成立しないわけですね。

島田氏が手がけた最初のツアー

そこで何とか釜山と対馬を一緒に行くことが魅力となる内容を考えようとしたときに、対馬の自然、歴史をパワースポットとして見せることで、韓国に美容とかグルメとかで行く女性観光客を取り込めるのではないかと考えたわけです。

岩下　ところが、肝心の若い女性客がほとんど来なかった。

島田　来なかった。みんなが一番感動したのは、しかもツシマヤマネコでした(笑)。

マスツーリズムVS特定ツーリズム

島田　何度も強調しますが、やはり旅行会社の存在は重要だと思うんです。マスツーリズム、つまり一般のお客さんを獲得するには旅行会社の集客力に期待しないとだめだからです。今、やっているのは何らかの関係者がらみのツアーですよね。これでモニターツアーを成立させていますが、今後いかに、民間に自由に動いてもらうかを考えると、旅行会社に魅力を感じてもらわないかぎり、発展しない。旅行会社をうまく巻き込んで、彼らにビジネスチャンスと思わせる、つまりお客さんをきっちり集められるものを考えないといけないと思います。特殊なスタディツアーとしてやる分には、ニッチなところなので、集客力を期待しなくてもうまくいくのでしょうが、一般のお客さんを集めてということを考えると、旅行会社の関与なしにはできません。

岩下　皆さんがそれぞれにやっているところから、そろそろ全体の話をした方がいいようですが、最初の年、二〇一五年の集客には苦労しました。二〇一六年の場合、私個人はほとんど苦労していません。これは明らかにステージが変わってきたと思えるわけです。サハリンが別格でした。人がわっと集まったようです。これは先ほども触れましたが北都観光の米田さんのご尽力も大きいけど、二〇一五年にやった二つのツアー、米田専務がやられたサハリンのマスツーリズム的なツアーとエムオーツーリストの濱桜子さんがやられた北緯五〇度線に行く少しマニアックな特定ツアー、このインパクトが大きかったようです。これに行きたかったという人が、二〇一六年のツアーに参加しています。こう考えると、行く地域によってまだ端緒についたばかりのところと、すでにそんなに頑張らなくても人が集まるようになったところと、いろいろ分けて仕掛ける必要があるように思います。一番びっくりしたのは、ホームページで見てボーダーツーリズムのファンで憧れでしたと言って、中露国境紀行に参加した女性。今は参加者の半分くらいは新しい人ではないでしょうか。この間の波及と定着というのは少し驚きです。

高田　島田さんにうかがいたいのですが、集めたい人数とは何人くらいなのでしょうか。サハリンは三〇名もそろうと、もう十分という感じですが、もっと集めたいのですよね。

島田　八重山・台湾を二〇一五年にやろうとしたときは三〇人が目標でした。二〇一六年に成功したときは一五人で募集しました。

岩下　だいたい一五人ですよ。

高田　二〇人から三〇人も集まれば。

島田　結局、ボーダーツーリズムはコンテンツが重要で、小回りが利いてガイドがしっかりしてとなると一〇―一五人がいいと思いますね。三〇人だと、ガイド一人では相手ができない。

岩下　できない。だから一五名のツアーを何回か打つ。

島田　そうです。

高田　ただ二〇一六年の盛り上がったサハリンのケースでも二つあって、北緯五〇度線まで行くツアーはよかった。でも、そこまで行かない普通のツアーもあってこれは厳しかった。お客さんは六名くらいで成立しなかった。稚内はフェリーがなくなったので、千歳から飛行機で出るツアーにせざるを得なかったから値段も高くなりましたし。いろいろな意味で大変だったけれども、一つは楽々成立したわけですね。さて、二〇一七年はどうなるか。

岩下　すべてのツアーがどんどん満員御礼になるなら、こんな座談会しなくてもいいね（笑）。ただ二〇一六年は集まるのが早かったらしい。

高田　サハリンはマニアックな参加者が多い。特に鉄道マニア。サハリンは日本統治時代に鉄道が走っていましたし、もう一つは旧日露（ソ）国境の北緯五〇度線を見たいとか。その分、値段が高くてもしょうがない、他でできないことができるからといった感じですね。

個人とグループの違い

岩下　値段の話は後でもう少し突っ込むとして、マスか特定かもう少し続けます。見方を変えれば、これは自分たちで旅をしたり、あるいは個人旅行でどこかへ行くのと、これをグループにしたツアーをつくり、商品化するときの違いです。

花松　個人や数人で旅行に行くのと違い、様々なバックグラウンドを持った多彩な人たちと一緒に行くわけです。そうすると会話が発生して、バスやフェリーの中で、いろいろな話が出ます。旅行行程にほとんど関係のないような話も多いのですが、ボーダーと何らかの関係がある話で盛り上がることが多く、これが面白かったりします。これがグループ旅行の醍醐味でしょうか。私は参加者の方々との会話からいろいろ学んだことをあげたいと思います。

岩下　それはプラスの面で、一言で言うと客層がいいからですね。逆に言うとグループツアーで添乗員ほど厳しい稼業はないように思います。ほとんどクレーマーへの対応でしょう。グループがマスになればなるほどクレーマーが増えてくると思うので、そのときのケアをどうするか。

山上　そうですよ。小笠原なんか、今から二〇年ぐらい前だったら、自分は会社を辞めて行きますとか、何とか一生に一回はとか、気合が入った方が多かった。小笠原に行くために会社を辞めなければならない理由なぞないはずですが、そんな人が結構多かったです。これが今、世界自然遺産になり、とりあえず空席があるから行ってみようとか、こういうお客さんは大変です。現地でキャンプさせないように、船の中での宿泊を手配したりと。

岩下　山上さん、あまり人のことは言えないのでは。それは自分がやっていることでしょう。

山上　いえいえ、僕はきちんとしています。

岩下　うそつけ。

山上　小笠原ではそんな不作法はしません。

岩下　でも、よそではいつもそうでしょう。

山上　それは、まあ(笑)。

岩下　こういう人がグループ旅行に入ったら大変です。

高田　ロシアの田舎ではトイレがない、ご飯を食べるところがない、買い物をするところがない。特に女性でトイレがないのってつらい。文句は出ますが、わかっていることだからしょうがないと思って来る。

岩下　北緯五〇度線ツアーに行ったときに、ユジノサハリンスクのホテルで朝からビールを飲みたいというお客さんがいました。ロシアは朝からは出せません。すると添乗員の人に交渉しろと。他には、あいつと同室は嫌だとか言って、うちの部屋に来たりして。僕ら人がいいから、どうぞ、どうぞと。最後は部屋に帰りたくないとか言ってくるから、いいよ、もうここで寝ろよみたいな（笑）。こういう人が四―五人いたらおおごとですよ。

花松　対馬・釜山のときは本当にいいお客さんばかりでした。内緒話ですが、釜山で朝鮮通信使の歴史館に行きましたよね。前に議論した、国境の向こうとこちらで見え方が変わってくるという話です。そこで対馬と朝鮮通信使の伝え方がどう違うかをみんなで学んだわけですが、実はこれは最初の行程には入ってなかったのです。本当は別の博物館に行く予定だったのですが、我々の不手際で、ちょうど訪問するとき休館日でした。そのとき参加者の一人が朝鮮通信使歴史館なら開いているかもと教えてくださって、それですぐ釜山の旅行会社に手配してもらったわけです。

山上氏と武田氏の飛び入り掛け合い解説

岩下　イレギュラーじゃないけど、その場で訪問箇所が変わっていくことはありましたね。道東オホーツクでは、先に紹介した鉄道マニアの武田泉さんと山上さんの掛け合いがありました。これはとても場を盛り上げたのですが、武田さん

BORDER TOURISM

道東 ボーダーツーリズム 添乗員同行

北海道の海の境界を味わう4日間

2015秋 限定企画

太平洋からオホーツク、日本海へ

■ご旅行代金(中標津空港発・稚内空港着おひとり様)

2名1室利用¥88,000
3名1室利用¥85,000
4名1室利用¥82,000

■オプショナルツアーのご案内

◆千歳空港⇒中標津空港/稚内空港⇒千歳空港　往復航空券プラン

¥37,000

(往路ANA4881/復路ANA4844の場合)

◆羽田空港⇒中標津空港/羽田空港⇒千歳空港　往復航空券+前泊セットプラン

¥40,000〜

(往路ANA377/復路ANA572の場合+中標津市内ホテル宿泊2名1室利用)
※上記以外の空港からの発着プランもご用意しております。
申込時に随時お問い合わせください。

【旅 行 期 間】2015年10月2日(金)〜5日(月)　3泊4日

【申 込 期 限】ご出発の21日前
(但し、満席になり次第受付を終了いたします。)

【行程表】

	行　程　表
1日目	中標津空港(9:00頃集合)=＜専用バスにて＞=納沙布岬=歯舞車石など史跡めぐり=歴史と自然の資料館=ケーブル通信庫=トーヨーグランドホテル(泊)(18:00頃) ※各自にて中標津空港へご集合ください。 朝 × 昼 ○ 夕 ○ 宿泊地:中標津
2日目	ホテル(08:00頃)=標津で国後島見学=北方館=小清水原生花園=北方民族博物館=網走刑務所=網走温泉(泊)(18:00頃) 朝 ○ 昼 ○ 夕 ○ 宿泊地:網走温泉
3日目	ホテル(08:00頃)=紋別流氷博物館=インディギルカ号の碑=宗谷岬=太陽光・風力発電見学=稚内(泊)(18:00頃) 朝 ○ 昼 ○ 夕 ○ 宿泊地:稚内
4日目	ホテル(08:00頃)=百年記念塔・記念館=ノシャップ岬=稚内市内商店街自由散策=稚内空港(12:00着)※稚内空港着後解散となります。 朝 ○ 昼 × 夕 ×

※企画内容が変更になる場合がございます。予めご了承ください。

【宿泊ホテル】
1日目:トーヨーグランドホテル(2〜4名1室／洋室、風呂・トイレ付)
2日目:網走湖荘(2〜4名1室／和室又は洋室、風呂・トイレ付)
3日目:ANAクラウンプラザホテル稚内(2〜4名1室／洋室、風呂・トイレ付)

【募 集 人 数】30名(最小催行人員:15名)

【ご旅行代金に含まれるもの】 ※宿泊代、バス代、昼食代
食事代(朝食3回・昼食3回・夕食3回)

【ご旅行代金に含まれないもの】※集合場所までの交通費
※個人的費用等

<協力>
ANAセールス　NPO法人 国境地域研究センター　境界地域研究ネットワークJAPAN
北海道大学スラブ・ユーラシア研究センター境界研究ユニット 他

<旅行企画・実施>
観光庁長官登録旅行業第576号
ビッグホリデー株式会社
〒113-8401 東京都文京区本郷3-19-2 BHビル
ボンド保証会員

お申込・お問い合わせ
ビッグホリデー株式会社 札幌支店
TEL:011-795-3025

国境を越えない「国境」の旅パンフレット

が、いきなりそこに止まれとか言って、ばーっと走っていって、廃線跡を見せるわけです。北海道の何もない場所でこれは休憩や息抜きになってとてもよかったのですが、バスが入れないところに平気で行けと言う。自分は車で来たことがあるから大丈夫と思っているのですが、バスは方向転換やバックもそう簡単ではなく。彼を止めるのには苦労しましたね。山上さんが普通に見えました(笑)。

山上　だから僕は普通だって。

高田　ボーダーツアーはかなりマニアックな人が多いから。

岩下　中露国境紀行もそうだった。中露国境のまち、綏芬河では研究者による現地解説は面白いのだけど、ハルビンから夜行列車で着いて朝六時に着いたお客さんの疲労がわからない。自分が楽しいから相手も楽しいと思って、いつまでも引っ張る。いつまでも続くから、もうやめてと私が止めたら、お客さんから大変感謝されました。

島田　そういう話はたぶん、私たちがやっているツアーが手配旅行の域を越えていないからだと思います。実質、企画旅行、本当にマスを連れていくような旅行というのを商品化したら、旅行会社は絶対にそういうことをやりません。旅行会社は事前に書いてある行程通りに行かないとクレームになるので。ましてや休館なんて、もってのほか。

花松　もってのほか(笑)。

岩下　休館は確かにひどい。僕らは単に通り道で少し降りるぐらいでしたから。

島田　我々はそういうのをよく知らないからこそ、旅行会社と組む意味があると思います。

岩下　でもエムオーツーリストはさすがプロ。中露国境紀行ではそういうことはなかった。休館をはじめ入れる入れないなど全部事前に話を通している。ウラジオストクの国境警備隊博物館に関しては事前許可がなければ入れないと言われて許可をきちんととったらしい。個人では自由に入れるのだけど、ツアー、ましてや日本人観光客が大挙して行くなど考えられない場所ですからね。こういう違いも旅行会社だからこそ対応できますね。でも確かに道東、オホーツク、道北は完全に出たとこ勝負でした。

山上　何が観光資源として使えるか、まだ発見途上だったから。

岩下　あれはモニターツアーでした。

山上　旅行会社にとっても何を見せるべきかわからないから、とりあえず先生方に付き合おうかという感じですね。

岩下　少し分けて考えた方がいいですね。北都観光やエムオーツーリストがやっているのは完全に商品化されたツアーです。他方で、道東オホーツクなど、小笠原もそうですが、ボーダーツーリズムをつくるためのツアー、これはモニター的な性格が強いかもしれません。特に北海道は見るべきスポットとスポットの間が空きすぎていてそれをどう埋めるかが課題です。

島田　おそらくグループ旅行と個人旅行の違いという話に戻ると思うのです。グループ旅行をしっかりつくるということは、企画を準備の段階、告知前にきっちり固めることが不可欠です。私がマスツーリズムづくりを一生懸命やっているのは、高田さんが最初におっしゃったように地域振興のためです。対馬にマスツーリストを送れば、現地の観光産業が成り立つ可能性が高まる。すでに言ったとおりです。八重山・台湾でマスツーリズムをやりたいのは、台湾人が主だから夏の間しか運航してない中華航空を使って、日本からも人を送れるようになれば、通年運航ができるのではないかと考えるからです。グループ旅行、マスツーリズムを根付かせていきたい思いはここにあります。

価格設定と地域への還元

岩下　ではマスと特定ツアーの違いを際立たせている価格の話に入りましょうか。

山上　そう、やっぱり値段ですよ。運賃もそうですけど、対馬なんかかなり安く行けるというイメージですもん、運賃だけなら。

花松　行こうと思えばそうです。

山上　運賃だけ見ればビートルに乗って行けば、かなり安く行けるだろうというのはわかるけど、ツアーで行くとやはり高いわけですよ。値段をどこまで下げたらいいのか。ある程度、価格が高いから筋のいいお客さんが来るという部分もあるでしょうしね。

花松　それはありますね。

山上　でも日本国内のツアーを考えると値段があまり高くなると、すごくわがままな客ばかりという心配もありますね。いろいろな人が行きやすい価格設定がどのくらい可能なのでしょうか。企画サイドや会社側からすると、筋のいいお客さんばかり集めたいという希望もあるでしょうし、他方で若いうちから行きたいと思う人がたくさんいるとすれば安さも大事だし。折り合いをどうつけるかが課題だと思うのですけど。

島田 最初に対馬・釜山でやったときは、釜山に一万円台で行けてしまう現実があって、わざわざ対馬を経由することで高くなるなら、よっぽど対馬に興味がなければツアーには来ない。対馬は別に行けばいい、となる。だから価格設定には気を使って、高くても二万円ぐらいでとトライし、最終的には二万二五〇〇円で落ち着きました。そのときも旅行会社は、これ売れるかなと不安そうにしていたのですが、ふたを開けてみたら、メディアが扱ってくれたこともあり、あっという間に完売し、キャンセル待ちも出たぐらいです。この価格設定はよかったのかなと思います。

その後、花松さんに引き継いでやっていただいているのですけど、コンテンツとして魅力的なものが入れば入るほど、それに伴い価格も上がるようで、対馬・釜山の価格付けは苦労が多いでしょうね。

岩下 二〇一六年に企画された対馬・釜山の五泊六日ツアーが失敗したのは値段のせいですか、コンテンツのせいですか。

花松 ターゲットにしていた層によると思いますが、その層にとっても価格が高かったなということでしょう。第二回目のツアーは六万円ですけれども、皆さん満足いただいて、六万円でむしろ安いぐらいだとおっしゃっていたんです。そこでボーダーツーリズムに参加する人の層は、お金にはそれほどうるさく言わない人が多いのかなという印象を持っていました。島田さんのマスツーリズムの話と関連しますが、でも人数が増えればいいのかということを考えるわけです。島田さんと僕がそれぞれやってみてわかったことなのですが、二万二五〇〇円だと一泊二日。対馬に泊まらない、土産も買わない。対馬にはお金が落ちない。三〇人通っていってもお金が落ちないのと、少し人数は少ないけれども、一泊もしてお土産も買ってもらい、お金も地元に落ちる。どちらが地域にとっていいことなのかは考えた方がいいでしょう。

山上　小笠原も同じです。今、多ければ月に七、八隻も、場合によっては九、一〇隻が延べで父島に入ってきます。でも旅館業はだめです。朝、船が着いて、総出で通い船で上陸し昼すぎには船に戻るわけです。ホテルなんか全然潤いません。他方で、かつて私もやっていて、今もありますが、法律相談などで二〇人ぐらいが島に行きます。おがさわら丸に乗って現地に行くと村として大歓迎されます。要は、弁護士とかの富裕層がばんばん金を使って酒を飲んでくれますから。相談はともかく現地にお金を落としてくれるお客さん、これが人が少ない二月頃にやってきてくれる。こんなありがたい話はないわけですね。お金を落とす、それもまんべんなく、旅館から食堂から、酒から土産から、場合によってはビリヤードとかパチンコまで。こういうふうにまんべんなくお金を落としてもらえれば、地域としては不満も出にくいし、ありがたいでしょう。

岩下　これは論争になるんですけど、島というのは一つのコミュニティーじゃないですか。だから、毎日違うホテルに泊まるとか、毎日違う店で食って、島全体に回るように配慮しようとする。例えば、山上さんのお誘いで大東島に行きましたよね。あのときのモニターツアーは島全体に潤いが行くように配慮されていました。私にはこういう観光のあり方がいいのか悪いのか、よくわかりません。なぜかというと、昔、対馬の旅館組合に苦労しました。組合に入っていないホテルの方が観光客にはフレンドリーですが、組合のホテルはどこか殿様商売で居心地が悪い宿が多い。しかし、行政などを通じて依頼すると組合に入っているホテルにのみまんべんなく泊まらされる。あるホテルに場所が遠いからといって人を振らないと苦情を言われる。でもそのホテル、送迎なんかしてくれないんですよ。自分たちでタクシーでまちからそこまで往復しなければならない(笑)。それってお客さんに勧めることはできませんよ。みんなでパイをシェアするというのはいい面もあるのでしょうが、観光の発展という観点からはマイナスも大きいでしょう。そういうことをやっているうちは、自分たちでは工夫もしないし、黙って待っているだけでお客さんが回ってくる。お客さんももちろん不満を持って帰ってくるから、もう来ないし、評判を聞いてお客さんが減っていく。そうなると彼ら自身がもうからなくなるだけですよね。私はやはりきちんと対応して自分たちでやっているような旅館がもうかるシステムの方が大事だと思う。そうしないと観光業そのものは発展しないのではないでしょうか。

山上　僕はそこまで言っているつもりはありません。個人で行く場合、小笠原はあまりにも人間関係が濃密なので、A旅館、Bホテル、Cホステルとやはり回らないとつらくなるという気遣いがあるという意味です。

高田　お金が落ちる仕組みは考えなきゃならないけど、その落ちたお金を誰が拾うかというのも大事。資本主義ですから努力した人がとるのだけど、ただ、さっき言ったように完全にその場所を通過するだけで、お金を使う場所も時間もなく、自動販売機でジュースを買うだけだったら、地域振興という観点では意味がないと言われても反論できない。やはり何かお金がそこで落ちる仕組みを考えないと。

花松　答えはないのですが、マスという方向に考えれば考えるほど、値段は下げなければならないし、すると日数も減り、お金も落ちなくなる。

岩下　両方やったらいいと思うんですが。

島田　そう、両方やらないといけないです。今、マスを一生懸命やっているのはたぶん僕だけですよね。最初に対馬でやったとき、あれはマスコミのおかげもありますが、すべて一般のお客さんです。八重山で失敗したときも、一般のお客さんのみを集めようと思って集まらなかった。今回は妥協して、ある程度「動員」するかたちでやりました。両面だてでやらないといけないと思います。

顧客満足度で測る

岩下　マスがやれるところは限られていると思います。つまり、ホテルがあり、それなりに安く、さらに航空運賃などキャリア代が下げられるところ。その意味で、対馬が一番可能性としてあります。サハリンなんて行くだけでも高い。稚内を通らなくても高い。中露国境に行くより高い。

高田　ユジノサハリンスク近辺だけで一三万円、国境まで行くと二三万円はかかる。

岩下　中露国境まではるばる渡って帰国するのと同じですね。

山上　マスや価格の話を小笠原で考えてみると、ある意味、小笠原はどっちも厳しいですよね。一九六八年に日本に島が返還されていますから、二〇一八年で返還五〇年になりますが、観光業に関わる人の多くは、返還後に生活基盤を築いた方々です。欧米系の島民を除いて、小笠原はゼロから短期間で新しい人たちばかりを受け入れてきたとも言えます。ツーリズムにしても島が受け入れ可能な状況と市場の広がりの兼ね合いを意識する必要があります。他方で、島でも宿泊施設ができると、このツアーに関するスケールが変わりますね。これは対馬がそうでしょう。東横インは厳原に一四階建てですか？　すごいものを建ててしまう。だけど、振り返れば韓国資本で大亜ホテルが昔、できましたよね。それが韓国からの受け入れのスケールを変えた。何年でしたか？

花松　一五年ぐらい前。二〇〇二年ですね。

山上　今回の東横インも基本は韓国人観光客を意識していますよ。とすると、やはり日本側のボーダーに対する意識がまだビジネスにあまり結び付いていないという現れではないでしょうか。それでも日本人観光客にとっても、対馬に東横インができるというのは意味があります。マスの場合、ある程度、カジュアルな旅行が前提ですから、釜山や博多と同じサービスが対馬で受けられるという安心感は大きいですよ。

島田　対馬で二〇一三年にやったとき、ホテルはおろか、土産を買うところが比田勝にありませんでした。昼飯を食べるところも苦労した。結局アンケートでも、皆さん、例えば対馬で使うためのお小遣いを五〇〇〇円とか一万円ぐらい用意しているのに、使った平均が何百円ぐらいだった。買うものがなかったのです。だから、対馬の場合は日本人の観光客は行っていないので、ある程度の数を送らないと観光業が出来ないのです。スタディツアーとかの単発で細々と送るくらいでは、観

対馬で目立つ新ホテル

Duty-Free（厳原）

光の事業者さんには商売にならないから。両面だてと言ったのは、数を送れる準備をしないと、対馬側の受け入れ体制も整わないのだと思います。

山上　もともと比田勝、厳原もそうですが、交通の面では海路でかなり結ばれていたわけで、今のように道で全部つながって行けるという状況、曲がりなりにも山道をきれいにして道路で動けるという状況が新しいから、そこまで手が回っていないというのもあるでしょうね。

岩下　でもここ数年で劇的に変わってきています。飯を食うところも増えています。途中で飯が食えないのは、北海道観光も一緒ですから。ここで食べ損なったら、次は一時間以上、何もないとか。でも対馬はこれからもっと変わると思います。二〇一七年一一月のＪＩＢＳＮ大会は対馬ですが、ビッグホリデーと組んでボーダーツーリズムをやりたいと考えています。対馬・釜山は今まで福岡発でしかつくれていないじゃないですか。せっかくＪＩＢＳＮという全国ネットワークが入るので、このホテルができたチャンスに、全国からの発着でやりたいと思っていますね。対馬・釜山の本体は福岡発ですが、オプションで、札幌、東京、大阪あたりから往復チケットプランをつけるというかたち。ＪＩＢＳＮ五周年記念大会でやってみた、東京でこの会議に出てから現地、つまり小笠原に行くというプランの応用編です。今回は前日に福岡に入ってもらい、そこから対馬に飛び、午前中は厳原の観光、午後はＪＩＢＳＮの大会。翌日は上対馬に回り、現地泊。次の日釜山です。だから三、四泊になりますが、かなりダイナミックなものができると思います。

もう一つ、対馬に関して言うと、単純往復は安いから、札幌発釜山・対馬を単純往復でやりたい。

大韓航空とビートルを組み合わせて一〇万円程度で収まる企画を考えています。北海道の人はロシアに関心が高いので、釜山と対馬の中のロシアを見る、といった企画にして、北海道大学教授が同行解説する。九州や沖縄ではまったくだめですが、北海道では私も少しは有名だから、一五人ぐらいなら集まるのではないかと。あと北海道新聞にも協力してもらえれば。ついに釜山から対馬に入るルートの開拓を本格化させたいと思います。味噌はいろいろなところから対馬に入れるということですね。

高田　価格の話をもう少しさせてください。アンケート結果を見ると、高いと言う人はいますが、これは価値観の違い、つまり中身の問題のようですね。はじめは高いと思ったけど、元はとれたよという人も少なくなかったです。私が、本当は学生をいっぱい連れてきて勉強してもらいたいんだけどと言うと、学生には無理、それなりの大人でお金も時間も余裕のある人向けではという答えでした。値段はもちろん高めだけど、それなりに値段相応に満足したという人が多かったです。

岩下　おっしゃるとおり、顧客満足度はすごく高いと思います。だからリピーターが増えて、じわじわ広がっているのだと。でもやはり入り口の敷居が高いです。そこを何とか突破したいところ。

高田　サービス満点ですからね。例の道東オホーツクの「国境を越えないツアー」も、毎晩テーブルを変えて飯を食うたびに訊いたのですが、サービス精神が旺盛な旅だから今日も楽しかったですねという会話が多かった。解説もあちこちで面白いし、話が深まるし、一般の人も満足度が高かったですね。そういう努力をみんなでしましたし。

岩下　努力というか、とりあえず一緒に酒を飲んで話をしただけで(笑)。

旅のストーリーをどうつくるか

高田　顧客満足度を高めるためにツアーにどういう中身を盛り込むかという話をさせてください。対馬・釜山の場合でストーリー設定にどうしてこだわるかという点です。実は、私は昔、日本で三番目に長い石狩川流域の広域観光連携の仕事をやっていたことがあります。観光地が広い場所に点在していて道中に何もないところを観光させるというのはなかなか大変です。見るべきところはあるのだけど、ぽつんぽつんと脈絡もなくあるだけでしたから。これらをつなぐストーリーがないと、広域観光は成り立ちませんね。サハリンも広いからストーリーがとても重要です。そういう意味で対馬がらみで言えば、例えば朝鮮通信使の話とか、秀吉の朝鮮出兵とかそういうストーリーがあるのではないかと。そのあたりに関心があります。

学びとかスタディツアー的な部分を本当にコアにして突き詰めるべきでしょう。実際にアンケートや聞き取りを見ても、皆さん参加の動機もそうだし、満足度が高くなるというのもこれです。勉強になった、いろいろな解説も聞けた、といったスタディツアー的要素が鍵だと思う。解説のレベルそのものが顧客満足度に直結しているというのが明確にアンケートからも読み取れます。

花松　アンケートの数値的なものは別として、参加者コメントも参考になります。三つあって、第一に国境をなんとなく頭でわかっていたけど、初めてそれが実感できたというもの。第二に国境地域に生きる人々に触れた、つまりそこに暮らす人々の生き様、飲み屋のおっちゃんの話といったレベルでしょうが、そういう触れ合いによる学びがインパクトあるようです。最後に高田さんがおっしゃったような、ストーリーです。これは「国境を越えるとものの見方が違う」というものでした。朝鮮通信使ですが、日本と韓国でとらえ方が違う。博物館の展示の仕方もまったく違う。旅行者が初めてそれを対馬の歴史資料館と釜山の博物館で目の当たりにすることで、両者のつながりだけではなく、ボーダーを挟んだ違いというものをじかに感じられる。これは両方同時に行かないといけない。別々の機会に行くと忘れちゃいますから。

岩下　それは二つの発見があるということですか。例えば中央の人、東京でも大阪でもいいですけど、対馬に行って、そこで一つ発見するわけです、境界を越えた向こう側とのつながりを。そして境界を越えることで、もう一つ、今度は両者の違いを発見する。

高田　まさに稚内の資料館で斉藤譲一学芸員による日本側の説明を聞いて、向こうに渡ると向こうにサハリンの郷土博物館がある。しかし似たようなものを見ても、そこで展示を見たり説明を聞いてその違いがわかると。そこには第二次世界大戦について「我々は日本軍国主義からサハリンやクリル諸島（編集注：北方領土を含む）を解放した」と書いてあり、みんなびっくり。

島田　そうそう。二回目を花松さんがやったときの結果を見て、一番面白いなと思ったのが、朝鮮通信使の歴史の解説が両地域で違うとか以上に、こんなに見方が違うのかということをわかること。それを一回の旅行で、両地域で見られるというのは、わざわざ対馬から釜山に渡る理由になるだろうと思いました。これは対馬・釜山の一つのボーダーツーリズムのキーワードになるんだろうと。

同じように八重山・台湾でも、わざわざ二地域を一緒に行く理由というのを何かつくらないといけません。石垣にも国内各地から飛行機がたくさん飛んでおり、海外旅行としては台湾も安くLCCで行ける。これは別々に行けるのですね。これを結ぶには、両地域の共通点、あるいは逆にこれだけ近い地域だけど、線が引かれていることで、こんなに違いがあるといった、文化の比較みたいなものができたら面白いんだろうと考えて、この前のツアーでは行程の中にそれを組み込みました。

岩下 皆さん、複数のツーリズムに参加している人が多いと思います。自分がやったやつもあるだろうし、人についていったのもあると思いますが、コンテンツとして一番面白かったツアーについてはいかがでしょうか。

山上 僕は道東オホーツクの「国境を越えない」バスツアー。

高田 ボーダーツーリズムの最初の北都観光の稚内・サハリン。

山上 サハリンは印象が強いですね。私の経験はボーダーツアーではなく、JIBSNのセミナーのときですが。なかなか行けないところに行くというのは、今も多くの人が持つイメージだと思います。いつか行ってみたいところ、そしてちょっとデンジャラス。

岩下 ちょっとデンジャラスといえば、僕がびっくりしたのは中露国境紀行で、国境を越えてロシアに到着して入国審査のため駅で待たされるでしょう。グロデコボ駅。参加者がバシバシ写真を撮るわけ。そしたら国境警備隊にある先生が見つかって写真を消されるわけ。隣にいた一九歳の学生さん（女性）も一緒に写真を消されてしまう。まあ、この二人が犠牲になって他の人はセーフだったのだけど。ここまではよくある風景。驚いたのはその学生さん、最後のご挨拶のとき、道中で一番面白かったことにこの警備隊に写真を消されたことだと言ったのですよ。わくわくしましたって。自分が撮った国境のフィルムを国境警備隊に消されたのが、わくわくするなんていう話は私の経験を越えています。本当にびっくりした。何が楽しみになるのかわからない、これがボーダーツーリズム。

古川　私はサハリン北緯五〇度と中露国境紀行は参加していないけれども、結構、参加している方かと思います。私としては参加しているとき、どういうところがボーダー的なのかをずっと考えています。そういう意味では何かつながりがあるようなところを、後で振り返ると面白かったということが多そうです。具体的にはコメントしづらいですが。

ハプニングへの対応

岩下　八重山・台湾ツアーのとき西表で乗ったカヤックはどうだった？　あれで怪我をされたでしょう？

古川　あれは企画者の思いが強かった、あれに乗りたいという思いが。

岩下　僕はコメントしておきたいのだけど、島田さんは企画するときにこれを自分で体験してないんだよね。

島田　してない。
岩下　自分で体験してないのを組み込むというのは、やめた方がいいと思うのだけど。
島田　それを言ったら何も体験してないです。
山上　あれは疲れない？　僕は父島の外洋でやったけど、すごく疲れて。
古川　疲れていた方々が多かったのは事実ですが、みんなの思い出に何が残っているかと言ったら、乗った人はみんなカヤックと言っています。インパクトが強かったですから。
岩下　ボーダーとはどう関係があるの。
山上　それは体力的なボーダーを越えているのじゃないですか。

受難のカヤック体験

古川　面白い！　そういうストーリーのつくり方もあるかもしれませんね(笑)。
岩下　これが島田流だよね、僕らが考えないことを取り入れる。
島田　本当にそうです(笑)。
高田　カヤックが思い出に残るというのはよくわかる。サハリンでいうと入国審査で待たされるのが記憶に残ります。手作業で入管が二人しかいない上に、何をやっているのかわからないまま、ただただ待たされて。いつもいらいらするけど、初めて来た人は、これでロシアに来たと実感するらしい。待たされること、サービス精神がないことでボーダーを感じたという人がいまして、いや経験になりました。そこが面白かった。

島田　カヤックはよくも悪くも、参加者の印象に残ったので、企画者としてはよかったと思います。古川さんにとっては消したい思い出の一つだとは思いますが。

岩下　カヤックがひっくり返って、カメラも消えてしまったし。

島田　カメラは消えるは、手に怪我するはで、先陣を切って乗り込んだ古川さんが転覆したのを見て、皆さん、転覆しないと聞いていたのにどういうことだと心配になった。

古川　話が違うと。

島田　昨日たまたま参加してくださった女性二人とお会いしたのですが、カヤックが一番良かったと言っておられました

古川　あの人たちはさっさと先頭に行って楽しんでいたから。

岩下　このツアー、途中で一人消えたりしたような話もあったね。

島田　消えましたね、台湾で。

古川　夕立があって、あわててみんなが小走りになって、角を曲がったところを、一人だけまっすぐ行って道に迷って。最初は僕の後ろにおられたのですが、旅行会社の添乗員の方が雨だからと先

に行ってしまって、後ろを見なかったことも原因の一つです。でも戻ったら見つかって事なきを得ました。

岩下 旅行の技術的な話ですが、最初としんがりは大事で、そういうのをツアー中、みなさんどう考えていますか。ロシアだと、途中でいなくなったらえらいことになるので、すごく気を使っています。

島田 全員が一般のお客さんだけだったら、もう少し違う対応があったかと思います。どこまでが関係者で、どこからが一般の方かわからないので、統制が効かなくなる部分が生まれたのかと。

山上 参加者の間のそれも一種のボーダーツーリズム(笑)。

岩下 中国やロシアでやるときは必ずプロフェッショナルな添乗員がつきます。ツアー全体に付き合う人もいるけれど、現地でも別に。その二人で前と後ろを見るということが多いようです。

島田 カヤックの話に戻るのですけど。

岩下 パワースポットとカヤックがトラウマになっている?

島田 いえ、僕は失敗を語ることの方が好きなので。この前、朝日新聞で八重山・台湾ツアーに参加された刀祢館正明さんが連載をやってくださったのですが、カヤックにも触れてくださいました。刀祢館さんはわかってくださっていたのですが、カヤックを入れたのはウタラ炭鉱に行く道筋と関係があるのです。あそこは単に歩いて行ってもつまらないと思うのです。ジャングルという感じはありますが。

花松 雨が降ったら、ぐじゃぐじゃだし。

島田 そうです。それに往復二キロを歩く魅力がないのです。でも、西表島のジャングル、マングローブ林を行くカヤックを入れることで、あそこに行くストーリーがつくれるのです。これは竹富町と相談して入れました。ただ失敗は自分たちが試乗してなかったこと。話を聞くかぎり、初心者向けであることは間違いなかったのですが、この浦内川観光で言う「初心者」のレベルが高すぎました。もう一つは行程が先に出来上がっており、川に行く時間帯が決まっていたのがよくなかった。行った時間帯が最悪で、行きも帰りも逆流。ものすごく漕ぐ必要があった。いい時間に合わせられれば、ほとんど漕がなくても勝手に行くので、すごく楽だそうです。

ウタラ炭鉱跡

古川 どっちも逆流でしたからね。

島田 それから気づいたら、カヤックに若手は若手同士で乗っていて、年配の方は年配の方二人で乗っている。

岩下 添乗のときの気遣いを企画者も織り込まねばな

りませんね。いい教訓になったのではないでしょうか。ここにいる山上さんなんか、一人で独走するから、ツアーでは目を光らせておかねば危ない。

古川 ツアー初日だと、誰かいないことに気づかないというのも怖いですね。

岩下 一般客が多くても二日目、三日目になると顔がわかるから、あいつがいるとかいないとか、そういうフォローが互いにできるようになりますね。グループツアーのいいところで仲良くなるし、終了後も関係が続いたり、そしてリピーターも増える。

古川 逆に言えば、だから気づいたというのもありますし、あのとき、後ろにいたけど、もしかして追い抜いていったのかなと思ったら、前にもいないよという話になりましたから。

ボーダーツーリズムを一言で言えば?

岩下 さて座談も終盤戦に入ります。ボーダーツーリズムって一言で言うと何でしょう。

古川 ボーダーをテーマにした旅行。

岩下 ボーダーって何。ボーダーをテーマにした旅行なんてのは、ボーダーツーリズムを言い換えているだけでしょう。

高田 ボーダーという地域資源の活用。観光だけではなく、いろいろなことにつながって地域の活性化に行く。

岩下 この場合のボーダーは国境ですね。

高田　国境。
山上　ボーダーに巻き込まれた地域の人の暮らしを見る。
岩下　これも国境だけ？
山上　ここではボーダー、国境が動くという点を意識しています。
高田　動いてそれに翻弄される人たち。
岩下　翻弄された人を知る、暮らしを知るということです。
島田　僕は三つのポイント。国境を見る、渡ってみる、比較する。
花松　日本のボーダーはなかなか見えないではないですか。国境であろうが、境界であろうが。それに思いをはせる、想像する。そう、想像の旅。
岩下　なるほど、僕が一言で言うと、気づき。では、他のツーリズムとこれはどこが違うのでしょうか、一言ずつ。
山上　ボーダーツーリズムには制約が大きいのではないかと。行きたくても行けない時期ができるとか。
岩下　時期にかかわらず、行きたいところに行けない、というのもある。
山上　ビザがとれない、使えないとか、政治的な状況が厳しいとか。
岩下　行けないところに可能なかぎりアプローチするツーリズムという整理はどうでしょうか。
花松　そんなことはないでしょう。行けるところもありますから。

山上　秘境ツアーではある。

花松　確かにボーダーツーリズムに秘境ツアーの要素はあります。

岩下　僕はやっぱり空間の違いを見せるところがあるのではないかと思います。だから、その入れ物には何を入れてもいいわけです、空間という枠の中に食い物を入れてもいいし、パワースポットでもいい。

花松　確かにおっしゃるとおりです。

高田　それを意識しないで越えていくのが普通の海外旅行。

岩下　それを可視化させるのがボーダーツーリズム。

高田　それを見せて、気づかせて、考えさせる。

岩下　先ほど誰か言っていましたよね。普通、通関や飛行機に乗っている時間というのは無駄なものでできれば省きたいというのが、旅行本体から考える筋。時間はかかるし面倒くさい。でもボーダーツーリズムはそこがポイント。これが楽しいというツーリズムはあまり他にはない。

山上　だから鉄オタとかが集まるわけ。船が好きとか。

岩下　そういう手続きが楽しいツーリズムというのはこれまでないと思います。国境警備隊にいじめられるのが楽しいなんて(笑)。

高田　飛行機に乗っていて、今、国境を越えましたと機長はアナウンスしないけど、船だと今、国境を越えましたと、サハリンに行くときありました。

岩下 飛行機で越えたら、島国だと飛んだ瞬間に越えています。大陸だとヨーロッパなんか数分おきに越えたりする。ロシアくらいですよ、ずっとずっと越えないのは。極東から入ったら一〇時間近くロシアだから。

観光学への貢献

岩下 ところで観光学という学問があります。私たちもツーリズムを名乗って仕事をしています。観光学への貢献について何かありますか。

島田 これは古川さんが先におっしゃったこととも関係ありますが、定義をしっかりしないことには、どうにもならないと思います。世界的に見れば、国境観光というのは当たり前のようにやっている。いわゆる「観光」じゃなくて「旅行」するようなものがいっぱいあったわけです。メキシコとアメリカの国境で、メキシコの方がガソリンが安いから入れに行くとか、あるいは東欧なんかで歯の治療に治療代が安いから行くとか、いろいろなかたちで国境を越える旅行はあったわけで、日本はそれが今まで海に囲まれていたから、そういう手軽に国境を越えて、よその国と合わせて旅行するとかいうのがなかったというところでしょう。

岩下 思うのですが、日本だからクロスボーダーとかトランスボーダーとかいう話になるのだけど、結局、国境観光そのものは飛行機でどこかよその国に行って、その国の国境を越えても観光マーケットになりますよね。

島田　そうです。ヨーロッパ旅行は実際には国境観光をしているのではないでしょうか。

岩下　あれも国境をあまり意識せずに国境観光しているわけで、その国境を意識するようなストーリーを打ち出したら、ボーダーツーリズムになりますか。

島田　そのときにボーダーツーリズムではやはり国境を切り口とした観光を見せる必要があるでしょう。何も意識せずにヨーロッパで、イタリアからドイツに入るとか、スイスとオーストリアを往来するというのでは、国境を越えているけれども、国境を意識しているわけではないので、ボーダーツーリズムとは呼べないのではないでしょうか。

高田　国境を越える、これがボーダーツーリズム。ただ何のための観光なのか、他の観光とどこが違うのかという切り口で定義をつくっていかないと意味ないのでは。

岩下　国境に関わるストーリー性という意味ですね。学問的な意味を考えても、やはりストーリーの問題が出てきますか。ただこれは物理的に旅行として国境を越える、越えないということと別につくれるわけです。ただ現実に国境を越えることそのものが体感できることで商品化の意味はあるでしょう。ヨーロッパではあまり意味がないものです、すーっと抜けるだけだから。しかしそれでも、国境を実際に越えることでしかわからないものもあるわけです。だから、国境を切り口にするにしても、実際に越えるのか、あるいは国境を見ることを重視するのかなどとの違いを拾って類型化ができるような気がします。学問的に考えれば、構築主義的な意味合いが大きいのでしょうか、ボーダーツーリズムの特色は。

花松　島田さんに教えていただきたいのですが、観光学というアカデミズムの学問分野は、ボーダーにこだわっている我々のような視点から議論を組み立てるやり方とは違いますよね。例えば、観光ツアーをどういうふうにマネージするか、あるいは観光客と地元の住民の軋轢をどうするか、などなどそういうものをやっていますよね。学としての観光をどうとらえたらいいのでしょうか。

高田　観光学は幅が広いから、そういうことをやっている人もいれば、ある地域の観光とこの地域のそれとどこが違うのか、いろいろな比較をやっている人もいます。

島田　観光地理学があり、観光経済学があり、観光心理学があり。

岩下　観光心理学？

島田　ディズニーランドにお客さんはどうして行くとか。重要ですよ、観光心理学は。

岩下　なるほど、なぜお客さんはボーダーに行くのか。

島田　なぜボーダーに行くのか、どういうところに関心を持っているのか。

花松　旅行者の心理的問題とか、旅行会社、サプライサイド側がどういう戦略を立てるかとか、観光にまつわるメタ的なものを分析するのが観光学というイメージがあります。それからダークツーリズムをはじめ、なんとかツーリズムがたくさんありますね。その類型をどういうふうにまとめるかといった議論。

高田　どの観点でツーリズムをまとめるかで違ってきます。まとめ方はいろいろあります。我々がやっているボーダーツーリズムは、境界地域があって、その地域で気づく、触れる、考える、学ぶ、といったものでしょう。あまり他のことは関係ないのではないでしょうか。

古川 だから観光とは何かという話になると、結局、今日はマスツーリズムや、スタディツアーなどいろいろ議論しましたが、結局、全てを包摂したのがツーリズムなのでしょう。要は心理学でも経営学でも、観光を対象としたら観光心理学になり、観光経営学になるから。

岩下 わかった。では僕は観光政治学をつくろう。

古川 それはいいですね。

岩下 観光政治学を通じて北方領土問題の解決を探る。もう、やっているか。観光政治学ってあるの。

花松 ありそうじゃないですか。

島田 いえ、聞いたことがないですね。

古川 観光経済学はあります。

岩下 観光と政治を結び付けるのはなかなか難しい。

山上 でも板門店はそうじゃないですか。世界中の人が見ているわけでしょう、北から南からも。

岩下 あれは観光政治学になる。一緒に書く次の本はそのタイトルにしよう。

高田 定義に踏み込むと難しいですよ。例えば今、WTO(World Tourism Organization)のツーリストの定義とか使ってしまうと全部がツーリズムになってしまいますから。あるものを使うと楽な反面、それだけでは足りない。ボーダーツーリズムをやる中で考える定義も両面作戦でしょうか。

古川　今日のお三方がやられているのはクロスボーダーだからまとめやすいけれども、小笠原を入れればどうなるかと考えると、クロスしないわけだから、何か定義をしにくくなる面もあります。

山上　それは今は行けないというふうに時間軸で整理したらいいでしょう。板門店もそうですよ。以前は近くが鉄道でつながっていました。今もケソン団地をつくるときにＤＭＺを越える鉄道がつながりましたね。南北の往来はできないけれど韓国の中ではＤＭＺ観光列車も走っている。行きたくても行けないギリギリまで行ってみる。これは立派なボーダーツーリズムでしょう。小笠原で言えば、小笠原海運はもともと南洋航路の免許を使っていましたが、戦後、切れたわけです。船は行けるのだけど、実際には行けない、ここは通じるものがあります。外国の客船でも使ってグアム、サイパン、各島々を見て、北上して八丈も

DMZ トレイン

イムジン河を越えて

寄ってと、こんな旅行を外国のクルーズはやれてうらやましく思います。

古川　僕は、以前、ＪＩＢＳＮに加盟している境界自治体を定義付けようとしたことがあります。考えすぎるとここを入れないと整合がとれないとかここが入っているのはなぜかなど結構、難しい。現状だけ見るとなかなか説明ができないところがありますね。

高田　越える、越えないも大事だけど、やはりボーダーに気づき、触れる、学ぶという点で整理したほうがいいように思います。これなら、越えなくてもすみますので。

古川　だから「越えないボーダーツーリズム」は、例えば稚内からサハリンに渡らなくても、宗谷岬からクリリオン岬が見えれば、それでも十分だと思います。

やってみたい・行きたいボーダーツアー

岩下　では最後です。皆さんがぜひ自分でやってみたいツアー、あるいはこれなら参加したいツアーをあげてください。

花松　一番僕自身にとってぐっと来るのが、ちょっとロマンチックなんですが、見えないけれども、かつてつながっていたとか、つながっているっぽいということを想像できるようなものです。具体的に言うと、この前、小笠原に行かせてもらって、でもそこからパラオというのは行けそうで行けない。その何かもやもやっとした感覚、これが満たせるツアーかな。他には例えば、猿払村とサハリンのプリゴロドノエの通信所を結ぶケーブル、昔つながっていたけど今は……といった、そういう微妙な感覚がくすぐられるツアー。行ってみたら全容がわかるのではなく、奥深さを感じ、もう少し調べてみたいなという気持ちにさせるようなツアー。こういうのがいいですね。対馬・釜山は近くてアクセスが簡単なので、それとは違うようなところに惹かれます。

岩下　要するに国境を越えないツアー、国境を越えない箇所を両側から見るものだね。対馬・釜山はどうするの。

花松　やりますよ、もちろん。新しいやり方も考えています。これまではボーダーを挟んで、こっちとあっちを比較していましたが、今度はボーダー同士を比較してみたいと思います。端的に言うとDMZと対馬・釜山を同時に行って、どれだけ違うかというのを感じてもらいたい。山上さんも喜んで参加してくださるのではないでしょうか。

島田　二〇一六年に八重山・台湾をやったときに、どうして与那国が入らないのだという話が多くて、昨日お会いした参加者の方からも、ぜひ次は与那国に行きたいと。なので、与那国を。

岩下　おー。（一同拍手）

花松　ぜひ、やりましょう。

島田　実はもう与那国にはアプローチをしたのですが、返事がなくて、僕はへそを曲げてしまいました。

岩下　そのぐらいで、へそを曲げていたら絶対にできない。

島田　だから、やりません（笑）。どうなるかわからないですけど。

花松　明らかに望んでいる人はいます。

岩下　与那国の人たちはやりたいと言っていますよ。

島田　そうそう、だから、あれ？　と思ったんだけど、僕もへそ曲げたというのはちょっと冗談ですけど、忙しくて手を付けられてないのです。でも与那国はやっぱり仕掛けたいなと。飛行機をチャーターするのは難しいので、ナッチャンＲｅｒａという船を花蓮と石垣でチャーターできればと。与那国経由で、石垣、西表、与那国、花蓮というのができれば最高ですね。

高田　連携をつくりたいです。サハリンに来た人が同じボーダーツーリズムで、次は対馬に、次は八重山にといったお客さんの流れをつくるような連携の枠組みをつくりたい。そうやって小笠原、五島と増やしていく。そのノウハウを生かして、ボーダーツーリズムの輪を全国の境界自治体に、特にＪＩＢＳＮの仲間たちを巻き込んだ流れにしたいと思っています。そのためには必要なのはストーリー性です。なぜこれらが連携するのかと聞かれたときに、例えば最北と最南端が、幕末のとき一方ではロシアと向き合い国防のことを考えており、小笠原では咸臨丸が行って島を守ったとか。こういうストーリーの重層性をつくりたい。

山上　僕のイメージの中では、小笠原もそうですが、今はなき境界地域を知りたい。例えば、時期的なものでは一二月二五日に奄美返還の記念祭のときに現地に行ってみたい。マスツーリズムということで言えば、奄美大島をターゲットにしたい。かつて八三日間だけアメリカ統治があった大島、もう返ってこないと彼らは絶望しかかったとき、大島憲法という自主憲法をつくった島。地理的に今は端っこではないですが、これぞボーダーツーリズムになると思います。東京近辺でも、例えば熱海なんかで、ここは国境で密貿易があったといったものもチャレンジングだけど面白いと思う。長崎で言えば、五島と朝鮮、中国とのつながりもある。チャンココ踊りが島に残っているじゃないですか。これは韓国のチャンゴと関わっているわけで、ＪＩＢＳＮメンバーとして熱心な五島市を巻き込みたい。

岩下　五島は済州島とのチャーター便をやる計画を持っていますよ。それから礼文島と与那国島が姉妹提携する話もある。いろいろダイナミックに動いています。

古川　個人的に行きたいのは、今、ツアーで募集中ですが、硫黄島ですね。沖ノ鳥島にも非常に関心があります。それから二〇一六年一二月の日露首脳会談で話題になった、北方領土での共同経済活動にも興味があります。本当に「ビザなし渡航」の枠が広がるのであれば、観光をどんどんやって食い込むことで根室や標津など現地の発展を応援したいですね。

岩下　長時間にわたり、ありがとうございました。高田さんがおっしゃった連携については注目すべき動きがあります。これまでボーダーツーリズムをつくってくださった旅行会社や自治体、そして我々ももちろん参画しますが、ボーダーツーリズム推進協議会を設立する動きもあります。私たちがこれまでやってきたことが大きな流れになりつつあります。この座談会も今後のボーダーツーリズムの発展に寄与するものになればと願っています。

（二〇一六年一二月二七日　九州経済調査協会にて）

ボーダー・国境という観光素材

「ツーリズム」とは観光産業を意味し、〇〇ツーリズムとは〇〇でツーリズムの需要を喚起することで、〇〇にはエコ、ゴルフ、ショッピング、アグリカルチャーなど数多くのテーマが入ります。二〇一五年の中国人観光客による〝爆買い〟は、ショッピングツーリズムである、と言えば理解が進みますね。ツーリズムは関連する産業が多い、つまり〝すそ野〟が広いことが特徴であり、人口減・少子高齢化が進む日本で、あたかも救世主のように「観光立国」が脚光を浴びているのは、その〝すそ野〟の広さにも起因します。

さて、「ボーダーツーリズム」。ボーダー、国境地域の魅力によって、ツーリズムの新しい需要を喚起できるでしょうか？　約四〇年間、旅行業・ツーリズムの世界で働いていた私には大変可能性の高い、魅力的なテーマに思えます。

万葉集が詠まれた土地を考古学者と国文学者を先達として歩くツアーを二〇回ほど行いました。最初は担当添乗員として、最後の回「歴史海道・対馬編」ではツアーの団長として関わりましたが、今思い起こすと、何回かボーダー・国境を意識したように思います。防人のいた島・対馬の場合は、晴天下での韓国展望所からの遠望はボーダーを意識させるのに十分な眺めで、万葉集ファンの参加者と合唱した〝海ゆかば〟の涙声は今も忘れることができません。朝鮮半島・百済の旧都で、皐蘭寺遊覧船から落花岩を見上げたときも、参加者には白村江に向かって国境を勇んで越える倭国の船団が見えたはずです。さらに琉球。琉球は万葉集に縁はありません。しかし、天孫降臨伝説のある久高島を望みながら斎場御嶽（せいふぁーうたき）で聞いた琉歌に、国境の狭間で万国津梁の外交政策を貫いた琉球人に思いをはせ、万葉人と同じ心を感じとった参加者は多かったと思います。

ボーダー・国境には、旅へ誘う知的好奇心を刺激する魅力があります。国境線は無粋な壁でも鉄条網でもなく、全て海にある日本ならではの物語を生みました。取り巻く海には、古来からの人や文化の往来を助け、あるいは遮断した海流が北へ南へ複雑に存在しています。越えるだけではなく、遠望し、思いをはせることだけでも旅心を刺激しますよね。

「ボーダーツーリズム」のますますの発展を願ってやみません。

（ANA総研・伊豆芳人）

ツアー添乗と今後の展望について

弊社ビッグホリデーがボーダーツーリズム事業に関わるようになったのは、二〇一五年の六月頃と記憶しています。ANAセールス株式会社の紹介により一〇月の道東四日間のツアーを手掛けさせていただくこととなりました。その後翌年の八重山・台湾五日間のツアーさらには一〇月の小笠原六日間のツアーと計三回にわたりツアーを実施させていただきました。

通常のツアーであれば国内・海外地区それぞれの担当者がいてツアーを企画造成いたしますが、八重山・台湾といった国内・海外両地区を一つのツアーで盛り込むことは非常に珍しく、どこの旅行会社も手掛けることが難しいと思われる領域に踏み込むかたちとなりました。

また通常の国内ツアーとは異なり日本本土と隣接する国境との両地域の文化の共通点を探す旅であり、ありきたりの観光地に訪れるものではないためコース作成や事前の打ち合わせにも時間を要しました。

しかしながら、先生方や関係各機関の皆様のご協力を得まして現地の各施設や場所を熟知されているスペシャリストの方々を紹介いただいたり、例えば石垣では日本の植民地であった台湾で終戦まで過ごし現在は石垣で暮らしている方へのインタビューをしたりと皆様のご協力がなければこのツアーは実施不可能であったと思っております。

集客面でも、本来は我々旅行会社が告知をパンフレットやWEB上で行い集客しなければならないのですが、皆様方の口コミや紹介などで集客をいただき感謝しております。

八重山・台湾ツアーでは、全日空で福岡から那覇を経由して石垣に入りそこからチャイナエアラインで石垣から台湾まで渡り、復路は台湾から直接福岡へという海外への発着場所が異なるといった一筋縄ではいかない手配も経験させていただくことができました。

今後は、今までの経験を糧に我々旅行会社でボーダーツーリズムという言葉を広く認知させ、これまでは行き止まりというイメージのある国境地域を新たな観光資源(異文化交流の最前線)としてとらえ魅力を発信していかなければならないと感じております。

そのためには、今年新たに立ち上がったボーダーツーリズム推進協議会とうまく連携をとりながら一人でも多くの方にボーダーツーリズムに興味・関心を持っていただけるように活動していきたいと思います。

重ね重ねにはなりますが皆様方のご支援ご協力を引き続きお願いします。

（ビッグホリデー・川上朋来）

あとがき――日本でボーダーツーリズムがいかに生まれたか

振り返れば、ボーダーツーリズムを始める直接的なきっかけは、日本学術振興会の課題設定による先導的人文学・社会科学研究推進事業の実社会プログラムであった。このプログラムは人文社会系の研究と社会を結ぶために新たに二〇一三年から創設されたものだが、振興会が課題を設定し、それにこちらから応募するかたちとなる。同年度の公募型研究テーマの課題(研究領域)の一つが「観光の人文学・社会科学的深化による地域力の創出」であった。私たちには境界地域研究ネットワークJAPAN(JIBSN)があり、これこそ研究者と実務者の連携事業にふさわしいものだと思っていたが、はて「観光」がテーマでどのようなプログラムをつくれるのだろう。この問いかけから全ては始まった。

JIBSNとは、はしがきでも触れたが二〇一一年一一月に設立された境界問題に関心を持つ研究者が所属する研究機関、国境、あるいは境界問題と直面し、これに関わるミッションを持つ地方自治体、そして関連学会やシンクタンクとともに設立された任意団体である。事務局が北大スラブ・ユーラシア研究センター(発足時はスラブ研究センター)に置かれたことでわかるように、設立は序章でも触れたグローバルCOEプログラム「境界研究の拠点形成」の一環でもあった。ただ各種行政やシンクタンクを巻き込むことも鑑み、笹川平和財団から三年にわたる助成を受けたことが決定的に重要であった。JIBSNのイベント、特に各自治体がホストとなって実施するセミナー、そしてこれに伴うフィールドワーク、国際学会などの初期の試みは笹川平和財団の支援なしでは不可能であったろう。

JIBSNはその前身「国境フォーラム」が発展してできた組織だが、これは日本島嶼学会との協働の中で生まれた。当時、学会事務局長(鹿児島大学教授)であった長嶋俊介氏のご尽力もあり、二〇〇七年九月に沖縄の与那国島で北海道の根室市長と与那国町長の「東西サミット」を実現したのが端緒となった。グローバルCOEプログラムの開始(二〇〇九年一〇月)により、事業が一挙に拡大し、対馬、小笠原が加わるかたちで二〇〇九年一二月に根室で二回目の「サミット」、さらに様々な国境地域、離島などの関係者を招待しての集会を二〇一〇年一一月に対馬・厳原で開催した。対馬の会議は国際シンポジウムも兼ね、大規模なものとなり、現在のJIBSNメンバーがほぼ集結するとともに、新潟の佐渡、島根の隠岐(海士)、沖縄の大東島などからも参加があった。とはいえ、この時期は互いを初めて知る立ち上げの段階であり、共通の課題設定と争点を発見するプロセスにとどまっていた。本章の執筆者でもある古川浩司がJIBSNの位置付けをより明確にすべく、参加者のメンバーシップを学問的に根拠づけるため、「境界自治体」の定義について問題提起を行ったのもこの時期である。

ところで、「国境フォーラム」には一つの特徴があった。地理学や島嶼学の研究集会では必ず巡検と呼ばれる一種のフィールドワークが前後に組織される。二〇〇七年の与那国の際には島内を、二〇〇九年の根室ではチャーター船で北方領土の歯舞諸島周辺を、二〇一〇年にはバスで上対馬・比田勝近辺を回った。集会のときにフィールドワークをやる、というしきたりはJIBSN設立に向けた流れの中で拡大し、やがて与那国と台湾・花蓮、福岡、対馬から釜山、そして稚内とサハリンなど国境を越えたフィールドツアーへと展開していく。

「観光」で実社会と何ができるか。思案していたとき、これまでの旅の経験、喜びと楽しみ、そして様々な発見の記憶が走馬灯のように目に浮かんだ。私たちが「巡検」と呼んできたものを、一般向けの観光として社会にも売り込めるのではないか。それはおそらく今までにない新しいワクワクした旅のかたちとなるのではないかと直感した。ネーミングはわかりやすく国境観光、いやボーダースタディーズになぞらえてボーダーツーリズムもいい。こうして具体的なプランづくりが始まる。序章で書いた、国境を越えた巡検の経験、与那国から始まり、対馬、稚内へと展開していく「準備」の苦しみと楽しみが今もなお私の脳裏には焼き付いたままである。

思えば、ずいぶん遠くにきた。最初に行政と研究のネットワークをつくったとき、いったいこれがどのくらい続くのだろうと不安であった。その後、与那国のチャーター便をめぐる喜劇（沖縄で仕事をする難しさを実感した）、サハリンで遭遇した困難（ロシアの出入国管理にはひどい目にあった）、笹川の助成もグローバルCOEも終了した後のない袖をどう振るか（おそらく自治体メンバーからは金の切れ目が縁の切れ目と思われていた）、などなど幾多の苦労を経て、ネットワークは広がり、二〇一七年七月には市民や企業も巻き込んで、NPOや旅行社が主導するボーダーツーリズム推進協議会(JTBA)まで設立された。トランス・ボーダーツーリズムはさらに進化し、同年八月末からの福岡発中露国境紀行Ⅱでは、ロシアのハバロフスクと中国の撫遠を結び、かつての中露国境紛争地へイシャーズ島(ロシア名ボリショイ・ウスリースキー島)に入る団体観光も成功した。本書は新しい観光のかたちを模索するプロセスを描いた読み物であると同時に、何かを始めるときの様々なドラマを収録したドキュメントでもある。

ここまで一緒にやってきた仲間とともに本書の刊行を祝いたい。そして読者が私たちと一緒に次のボーダーの旅に参加することを期待しつつ。

二〇一七年九月三日

執筆者を代表して　**岩下明裕**

執筆者一覧

岩 下 明 裕(いわした あきひろ)

北海道大学スラブ・ユーラシア研究センター教授／九州大学アジア太平洋未来研究センター教授，主な研究分野はボーダースタディーズ

花 松 泰 倫(はなまつ やすのり)

九州大学持続可能な社会のための決断科学センター講師，専門は国境学，ボーダーツーリズム

高 田 喜 博(たかだ よしひろ)

北海道国際交流・協力総合センター(ハイエック)上席研究員，専門は地域国際交流，北東アジア研究

島 田　龍(しまだ りゅう)

九州経済調査協会研究主査，主な研究分野は観光振興，離島振興

古 川 浩 司(ふるかわ こうじ)

中京大学法学部教授，主な研究分野は日本の境界地域論

山 上 博 信(やまがみ ひろのぶ)

国境地域研究センター理事，主な研究分野は島嶼学

斉藤マサヨシ(さいとう まさよし)

写真家，特にサハリンに詳しい

WEB 一覧

境界地域研究ネットワーク JAPAN
http://src-h.slav.hokudai.ac.jp/jibsn/
北海道大学スラブ・ユーラシア研究センター(境界研究ユニット)
http://src-h.slav.hokudai.ac.jp/ubrj/
九州大学アジア太平洋未来研究センター(ボーダースタディーズ・モジュール)
http://cafs.kyushu-u.ac.jp/borders/
NPO 法人国境地域研究センター
http://borderlands.or.jp/
ボーダーツーリズム推進協議会
https://www.border-tourism.com/

ボーダーツーリズム――観光で地域をつくる

2017年12月10日　第1刷発行

編著者　岩 下 明 裕
発行者　櫻 井 義 秀

発行所　北海道大学出版会
札幌市北区北9条西8丁目 北海道大学構内(〒060-0809)
tel. 011(747)2308・fax. 011(736)8605・http://www.hup.gr.jp

㈱アイワード

ISBN978-4-8329-3397-2

国境・誰がこの線を引いたのか
―日本とユーラシア―
岩下明裕 編著
A5・二一〇頁
定価一六〇〇円

日本の国境・いかにこの「呪縛」を解くか
岩下明裕 編著
A5・二六六頁
定価一六〇〇円

サハリンに残された日本
―樺太の面影、そして今―
斉藤マサヨシ 著
B5・八八頁
定価四二〇〇円

図説 ユーラシアと日本の国境
―ボーダー・ミュージアム―
岩下明裕
木山克彦 編著
B5・一一八頁
定価一八〇〇円

ロシア極東 秘境を歩く
―北千島・サハリン・オホーツク―
相原秀起 著
四六・二二八頁
定価二八〇〇円

パスポート学
陳天璽・大西広之
小森宏美・佐々木てる 編著
A5・二九〇頁
定価三二〇〇円

〈定価は消費税含まず〉

北海道大学出版会